U1010420

循证社区矫正研究

基于人口异质性的分类矫正

XUNZHENG SHEQU JIAOZHENG YANJIU

JIYU RENKOU YIZHIXING DE FENLEI JIAOZHENG

陈　珊/著

法律出版社 LAW PRESS · CHINA

北京

图书在版编目(CIP)数据

循证社区矫正研究：基于人口异质性的分类矫正／陈珊著. -- 北京：法律出版社, 2021
ISBN 978 - 7 - 5197 - 5942 - 1

Ⅰ. ①循… Ⅱ. ①陈… Ⅲ. ①社区－监督改造－研究－中国 Ⅳ. ①D926.74

中国版本图书馆 CIP 数据核字(2021)第190828号

循证社区矫正研究
——基于人口异质性的分类矫正
XUNZHENG SHEQU JIAOZHENG YANJIU
—JIYU RENKOU YIZHIXING DE FENLEI JIAOZHENG

陈 珊 著

策划编辑 许 睿
责任编辑 许 睿 韩梦超
装帧设计 汪奇峰

出版发行 法律出版社
编辑统筹 司法实务出版分社
责任校对 朱轶佳
责任印制 胡晓雅
经　　销 新华书店
开本 A5
印张 9.125 **字数** 206千
版本 2021年10月第1版
印次 2021年10月第1次印刷
印刷 三河市龙大印装有限公司

地址:北京市丰台区莲花池西里7号(100073)
网址:www.lawpress.com.cn
投稿邮箱:info@lawpress.com.cn
举报盗版邮箱:jbwq@lawpress.com.cn
销售电话:010 - 83938349
客服电话:010 - 83938350
咨询电话:010 - 63939796
版权所有·侵权必究

书号:ISBN 978 - 7 - 5197 - 5942 - 1
定价:48.00元
凡购买本社图书,如有印装错误,我社负责退换。电话:010 - 83938349

本 书 得 到

“四川省高校人文社会科学重点研究基地——社区矫正研究中心”
重点项目“循证社区矫正制度研究”（SQJZ201901）

“四川省高校人文社会科学重点研究基地——四川省犯罪防控研究中心”
重点项目“循证社区矫正研究”（FZFK17-09）

资 助

序

学生陈珊，文静娴雅，达礼明事，淑然大家闺秀，言行举止，自带书香。更兼为学精勤，聪慧善思，毕业从教不曾几年，便已修出学者风姿，师者范仪。

陈珊治学既重专业基础，博览经典，又孜孜以求创新革变，擅从学科交叉中辨章审流，开掘新论。其新著《循证社区矫正研究》出版问世，即是明证。

循证者，遵循证据之意也。作为一种科学方法，其初兴于医学领域，应用于医疗干预实践的决策支持、证据生产和证据共享。循证社区矫正，则意为基于证据的社区矫正，当是循证实践方法在法学领域的应用。此一研究路径即于国际亦流行非久，于国内或许不过十年之余，且既有成果多以具体循证矫正模式及方法运用为重，未及深度挖掘循证实践对于社区矫正制度运行之优化作用。陈珊此书则如其所言，力求“从循证矫正实践中提炼总结出一套科学的社区矫正制度实施策略，并为《社区矫正法》的有效实施提供最佳证据”。意义非常，不独卓有学术新意，抑或助益现代科学精神于法律实践之弘扬，促进法制文明之进步。

求新向来非易。循证方法固有广纳证据，以科学决策替代经验决策之长，然其不掩干预对象异质多样，殊难广谱适应之短。用之于社区矫正，尤需谨慎。可喜者，陈珊新著着力关注于人口异质，无避社区矫正循证应用与干预实践因人而异之间的两难矛盾，且笃心设计策略选择；尚有不足者，未曾就循证社区矫正之文化适应勘察一二。此间得失，读者或可辩议。

为学之难苦恒为创新，为学之趣乐亦为创新。谁人谓之苦？谁人谓之乐？吾谁与归？尔谁与归？

不日之思，权且为序。

杨成钢

2021 年 9 月

自　序

社区矫正是把“越轨”者置于社会环境之中，借助日常生活中社会支持网络和控制系统对矫正对象实现观念和行为方面的转变，以促使矫正对象回归社会和家庭的非监禁刑罚方式。促进社区矫正对象顺利融入社会，预防和减少犯罪是《社区矫正法》的立法宗旨，也是检验社区矫正成效的重要标准。

《社区矫正法》第24条规定，社区矫正机构应当根据裁判内容和社区矫正对象的性别、年龄、心理特点、健康状况、犯罪原因、犯罪类型、犯罪情节、悔罪表现等情况，制订有针对性的矫正方案，实现分类管理、个别化矫正。矫正方案应当根据社区矫正对象的表现等情况相应调整，其为社区矫正对象的分类矫正提供了规范指引。分类社区矫正倡导因人施“教”，“精准”矫正的理念，分别制定适用不同矫正群体的科学矫正措施，保障矫正对象多维度的共性需求和差异化的个体需求，避免理论关注与实践问题脱节。除“社会融入”与“降低再犯率”这两大基本目标外，因受人口异质性的影响，不同的社区矫正对象群体其矫正需求具有典型差异。这些差异化的矫正需求为实施分类社区矫正提供目标导向，分类矫正的具体对策有待进一步研究。

“循证”研究是从原始证据的生产、评价、推广、转化到执行、反馈的一套系统流程，目的是实现以证据为核心的决策。循证矫正，本意是“基于证据的矫正”，是现代科学精神对矫正实践领域的渗透。其核心是遵循研究证据进行的矫正实践，强调矫正对象改造的科学性和有效性，实现矫正实践的效益最大化。循证实践已经在法律领域取得普遍认可和应用。西方国家刑事司法领域一种名为“Evidence – Based Crime Prevention”（循证犯罪预防，简称 EBCP）的研究方法比较盛行，并逐渐演化成一种国际趋势。基于循证实践的社区矫正蕴含着民主、求真、高效的价值追求，这也与我国法治建设和社会治理改革预期目标不谋而合。循证实践研究方法能为社区矫正提供最佳证据，实现精确识别、精确矫正、精准管理，最终达到分类矫正的目标。

本书围绕社区矫正对象的人口异质性特点，从循证矫正实践中提炼总结出一套科学的社区矫正制度实施策略，并为《社区矫正法》的有效实施提供最佳证据。

本书各章的写作，受益于数位师友和同学。首先感谢杨成钢教授惠允作序，使本书增色不少。在研究方法论的学习和运用方面，非常幸运地得到了美国南加州大学 Iris Qi（齐铱）教授、南京理工大学拜争刚教授、四川外国语大学童峰教授、南京理工大学张婷婷博士等专家的细致讲授与耐心指导，在此一并表示谢意。感谢四川省成都市金牛区人民检察院张宇检察官和毛鹏律师的襄助。感谢西华大学张邦铺教授、杨廷文教授、李西臣教授、王黎黎教授，宜宾学院肖乾利教授等对此主题研究的建议和指点。感谢袁颖、李晓兰、刘寅生、周晓菁、彭路等同学作为我的研究助手，提供了有力的研究协助。笔者写作期间，曾赴四川省成都市青白江区司法局、四川省什邡市司法局、四川省成都市金牛区人民检察院等进行专题调研，在实地考察中获取的资料为本书提供了实践材料，感谢以上司法行政机关和司法机关的支持。

本书得到“四川省高校人文社会科学重点研究基地——四川省犯罪防控研究中心”重点项目“循证社区矫正研究”(FZFK17－09)和“四川省高校人文社会科学重点研究基地——四川省社区矫正研究中心”重点项目“循证社区矫正制度研究”(SQJZ201901)的资助；也受惠于西华大学法学与社会学学院肖东华书记等领导对学术研究的鼓励与支持。感谢法律出版社许睿编辑，从许编辑经手的校对手稿中，可以看出法律出版社的严谨与细致。

由于水平所限，本书中仍存在不足之处，敬请各位专家学者批评指正。

陈　珊

2021年9月1日

目 录
Contents

第一部分 导　论

第二部分　方　法　篇

第三部分　循证实践篇

第一部分　导　　论

第一章

社区矫正概述

第一节　社区矫正的概念与适用对象

一、社区矫正的概念

“社区矫正”是从英文词组 community corrections 或者 community based corrections 翻译过来的外来术语。作为一个学术概念，由研究者的不同视野所决定，其往往很难有一个国内外普遍接受的公认的定义，以国外研究成果为例，有学者认为，社区矫正是指对犯罪人实行的不同类型的非机构性矫正计划；也有学者认为，社区矫正这个术语用于描述那些对在州监狱中监禁的犯罪人提供替代措施的刑罚；较为新近的观点则认为，社区矫正是以特定假设为基础的一种矫正模式，这种假设认为，应当通过现有的和潜在的社区服务将犯罪人整合进社区。在中国，有观点认为，社区矫正是依法在社区中对社区服刑人员实施惩罚和提供帮助，以促进其过守法生活的刑罚执行活动。官方的表述则是：社区矫正是与监狱矫正相对的行刑方式，是指将符合社区矫正条件的罪犯置于社区内，由专门的国家机关在相关社会团体和民间组织以及社会志愿者的协助下，在判决、裁定或决定确定的期限内，矫正其犯罪心理和行为恶习，并促进其顺利回归社会的非监禁刑罚执行活动。①

笔者认为，上述对社区矫正的概念的不同界定各有优劣，从不同方面展现了社区矫正的特点，同时，我们不必力求给社区矫正下一个放之四海而皆准的概念，一方面是因为一个完美的概念是并不存在的，另一方面则是因为目前我国的社区矫正工作难点并非靠概念的圆融性能加以解决，与其陷入概念争论的"泥潭"，不如省下更多的精力解决社区矫正工作中的其他疑难问题。因此，笔者赞同将社区矫正定义为依法在社区中监管、教育、帮扶和改造犯罪人的非监禁刑执行制度的观点，此定义具有文字简洁、概括全面、定性清楚的优点。

二、社区矫正的适用对象

《刑事诉讼法》第 269 条规定："对被判处管制、宣告缓刑、假释或者暂予监外执行的罪犯，依法实行社区矫正，由社区矫正机构负责执行。"《社区矫正法》第 2 条也作了相同的规定，即对被判处管制、宣告缓刑、假释和暂予监外执行的罪犯，依法实行社区矫正。因此，社区矫正的适用对象主要包括被判处管制、宣告缓刑、假释或者暂予监外执行的罪犯。

（一）管制犯

管制犯是依法被人民法院判处管制刑罚的罪犯。管制是我

---

① 参见最高人民法院、最高人民检察院、公安部和司法部于 2003 年 7 月 10 日联合发布的《关于开展社区矫正试点工作的通知》。

国大陆(内地)独创的刑种,也是刑罚体系中唯一的限制自由的刑种。《刑法》第 38 条第 3 款规定,对判处管制的犯罪分子,依法实行社区矫正。管制犯具有犯罪行为较轻、人身危险性小、服刑期限较短(管制期限一般为 3 个月以上、2 年以下,数罪并罚最高不超过 3 年)、人身自由受到一定限制等特征。

(二)缓刑犯

缓刑犯是指依法被人民法院判处剥夺自由刑罚并宣告暂缓执行后予以考验的罪犯。缓刑是暂缓执行被判处的拘役或者 3 年以下有期徒刑的刑罚制度。《刑法》第 72 条规定:"对于被判处拘役、三年以下有期徒刑的犯罪分子,同时符合下列条件的,可以宣告缓刑,对其中不满十八周岁的人、怀孕的妇女和已满七十五周岁的人,应当宣告缓刑:(一)犯罪情节较轻;(二)有悔罪表现;(三)没有再犯罪的危险;(四)宣告缓刑对所居住社区没有重大不良影响。"宣告缓刑,可以根据犯罪情况,同时禁止犯罪分子在缓刑考验期限内从事特定活动,进入特定区域、场所,接触特定的人。被宣告缓刑的犯罪分子,如果被判处附加刑,附加刑仍需执行。

(三)假释犯

假释犯是指被判处有期徒刑或者无期徒刑,在执行一定刑期之后确有悔改表现且没有再犯罪危险,经人民法院裁决而附条件提前释放的罪犯。《刑法》第 81 条规定:"被判处有期徒刑的犯罪分子,执行原判刑期二分之一以上,被判处无期徒刑的犯罪分子,实际执行十三年以上,如果认真遵守监规,接受教育改造,确有悔改表现,没有再犯罪的危险的,可以假释。如果有特殊情况,经最高人民法院核准,可以不受上述执行刑期的限制。对累犯以及因故意杀人、强奸、抢劫、绑架、放火、爆炸、投放危险物质或者有组织的暴力性犯罪被判处十年以上有期徒刑、无期徒刑的犯罪分子,不得假释。对犯罪分子决定假释时,应当考虑其假释后对所居住社区的影响。”

(四)暂予监外执行犯

暂予监外执行犯是指被判处有期徒刑或者拘役后因出现法定事由而暂时在监狱外面服刑的罪犯。所谓的“法定事由”,是指《刑事诉讼法》第 265 条规定:“对被判处有期徒刑或者拘役的罪犯,有下列情形之一的,可以暂予监外执行:(一)有严重疾病需要保外就医的;(二)怀孕或者正在哺乳自己婴儿的妇女;(三)生活不能自理,适用暂予监外执行不致危害社会的。对被判处无期徒刑的罪犯,有前款第二项规定情形的,可以暂予监外执行。对适用保外就医可能有社会危险性的罪犯,或者自伤自残的罪犯,不得保外就医。对罪犯确有严重疾病,必须保外就医的,由省级人民政府指定的医院诊断并开具证明文件。在交付执行前,暂予监外执行由交付执行的人民法院决定;在交付执行后,暂予监外执行由监狱或者看守所提出书面意见,报省级以上监狱管理机关或者设区的市一级以上公安机关批准。”

第二节　社区矫正的基本状况与理论基础

一、社区矫正的基本状况

(一)国外社区矫正发展的基本状况

英国是世界上最早实行社区矫正的国家,在 1907 年实行的《罪犯保护观察法》中首创了保护观察制度,20 世纪初期就已经通过刑事立法和司法确立了社区矫正制度，迄今已有一百多年的历史。美国也是社区矫正的发源国之一，1973 年美国明尼苏达州议会通过了世界上第一部《社区矫正法》，用于规范全州范围内社区矫正工作。美国社区矫正的形式多种多样，主要方式包括转向、假释、中途之家、社区服务、家中监禁、工作释放等。尽管英国、美国是社区矫正的发源国家，但社区矫正在日本也取得了进一步的发展，为了使罪犯能够作为健康的社会成员过正常的生活，日本于 1949 年制定了《犯罪者预防更生法》，于 1996 年制定了《更生事业保护法》，这两部法律标志着社区矫正在日本得以基本确立。同时，在许多欧洲国家中，如丹麦、荷兰、挪威、瑞典、芬兰、比利时、爱尔兰、希腊、德国、意大利、波兰、捷克、葡萄牙、瑞士、俄罗斯等，社区矫正在社会生活与司法实践中亦有较为明显的存在。

（二）我国社区矫正发展的基本情况

我国社区矫正的发展起步较晚，社区矫正出现在官方规范中始见中共上海市政法委员会发布的《关于开展社区矫治工作试点的意见》。其后，最高人民法院、最高人民检察院、公安部和司法部于 2003 年 7 月 10 日联合发布的《关于开展社区矫正试点工作的通知》是在中国开始社区矫正工作的最权威性的文件，2005 年 1 月 20 日，最高人民法院、最高人民检察院、公安部和司法部又联合发布了《关于扩大社区矫正试点范围的通知》，将更多省级行政区域纳入了社区矫正试点地区，使中国的社区矫正试点工作在更广大的范围开展。2009 年 9 月 2 日，最高人民法院、最高人民检察院、公安部、司法部发布《关于在全国试行社区矫正工作的意见》，中国社区矫正进入全国试行阶段。从 2012 年至今，国家相继出台了《社区矫正实施办法》《关于全面推进社区矫正工作的意见》《关于组织社会力量参与社区矫正工作的意见》《关于印发暂予监外执行规定的通知》《关于进一步加强社区矫正工作衔接配合管理的意见》，这些部门规章或规范性文件有利于推进我国社区矫正专业化、规范化建设，从一个侧面也彰显了社区矫正在我国的全面发展。但由于上述文件的法律位阶较低，其法律效力有限。2019 年 12 月 28 日，《社区矫正法》经第十三届全国人大常委会第十五次会议表决通过，于 2020 年 7 月 1 日起实施。《社区矫正法》是我国第一部全面规范社区矫正工作的法律，标志着我国的社区矫正工作从此有了统领性主干法律依据。《社区矫正法》分为总则，机构、人员和职责，决定和接收，监督管理，教育帮扶，解除和终止，未成年人社区矫正特别规定，法律责任，附则，共九章 63 条。其为提高教育矫正质量，促进社区矫正对象顺利融入社会，预防和减少犯罪提供了制度依据。2020 年 6 月，为做好社区矫正法的贯彻实施，进一步推进和规范社区矫正工作，司法部与最高人民法院、最高人民检察院、公安部积极进行沟通协调研究，广泛向社会征求意见，制定出台了《社区矫正法实施办法》，作为与《社区矫正法》同步配套的规范性文件。

社区矫正在西方有上百年的发展历程，在我国历史虽短却也得到了较大程度的发展，那么，社区矫正得以兴起与发展的原因何在？为何其他国家和我国均在大力推进社区矫正制度的运行？此类问题的解答有赖于梳理认识社区矫正的理论基础。

二、社区矫正的理论基础

社区矫正的兴起和发展与社区矫正的理论基础密切相关，不同学者对社区矫正的理论基础有不同的认识，基于现有的国内外研究成果，笔者认为，社区矫正的理论基础主要包括刑罚人道主义理论、行刑社会化理论、再社会化理论刑罚效益原则及恢复性司法理论。

（一）刑罚人道主义理论

人道主义一词具有悠长的历史，包含丰富的内容，不同的学派与不同的学者对人道主义的认识不尽相同，但其基本精神都强调人本身是最高的价值，要尊重人、善待人、关怀人。后来人道主义逐渐具体化为自由、平等、博爱、人权等价值追求。人道主义要求法律制度也应当体现出对人的关怀，表现出对人的基本权利、人格尊严、自身发展的尊重，人道主义在不同的法学学科中有不同的表现（例如社会保障权就是人道主义在宪法学中的体现），在刑法学中的一个重要反映就是刑罚人道主义精神。

通常认为，刑罚人道主义包括以下三重含义：

第一，尊重和保护犯罪人的人格，即犯罪人首先是人，然后才是犯罪的人，所以犯罪人作为一个自然人所享有的基本权利理应得到保护。

第二，禁止把人当作实现刑罚目的的工具，即犯罪人在刑事司法中是作为伦理道德上独立自主的人格主体而存在的，并非作为手段。

第三，禁止使用残酷而不人道的，即藐视人权的刑罚手段，对犯罪人处于刑罚制裁并非将其作为刑罚的客体，而是以积极的态度对其给予教育或矫治，使其复归社会。①

刑罚人道主义对社区矫正的兴起与发展的贡献是主要是通过批判监禁刑的不人道性而实现的。监禁刑的不人道性主要体

---

① 参见贾宇：《社区矫正导论》，知识产权出版社 2010 年版，第 76 页。

现在其剥夺人的行动自由、剥夺异性关系、剥夺人的自主性、使罪犯难以拥有最基本的物质生活条件等方面。[①] 作为开放式的刑罚执行方式的社区矫正能有效规避监禁刑的这些违背人性的特征。

(二)行刑社会化理论

行刑社会化理论源远流长,萌芽于刑事古典学派,发端于刑事实证学派,确立于社会防卫学派。行刑社会化理论认为刑罚的执行方式应该社会化,对罪行较轻的犯罪人应尽可能地适用非监禁刑,对必须监禁的犯罪人则在监禁的同时使其多接触社会,最大限度地动员社会力量参与对犯罪人的改造、矫正。[②] 行刑社会化是针对监禁刑的交叉感染问题而主张非监禁刑方式的扩大化,针对犯罪人回归社会难问题而主张社会、公众参与,同时值得注意的是,行刑社会化并不等于完全废止监禁刑,而是主张尽量慎用监禁刑,对于那些罪行较重、有必要监禁的罪犯还是要适用监禁刑,但在执行过程中应使其尽可能多地接触社会,并使社会最大限度地参与罪犯矫正事业。行刑社会化理论塑造了社区矫正的开放性处遇和社会参与性,因此是社区矫正的重要理论基础。

(三)(再)社会化理论

"社会化"是一个社会学上的概念,是指个体在与社会的互动过程中,逐渐养成独特的个性和人格,从"生物人"转变为"社会人",并通过社会文化的内化和角色知识的学习,逐渐适应社

---

① 参见吴宗宪等:《非监禁刑研究》,中国人民公安大学出版社 2003 年版,第90~95 页。

② 参见张建明主编:《社区矫正实务》,中国政法大学出版社 2019 年版,第 14 页。

会生活的过程。在此过程中，社会文化得以积累和延续，社会结构得以维持和发展，人的个性得以健全和完善。社会化是一个贯穿人生始终的长期过程。[①] 再社会化是指用补偿教育或强制方式对个人实行与其原有的社会化过程不同的再教化过程。具体到刑法学中的再社会化，则是指刑罚的目的不是制裁犯罪人，而是通过适用刑罚对犯罪人进行教育矫正，使其重新回归社会。然而，监禁刑导致的“监狱化”[②]却与再社会化理念相矛盾，这主要体现在：

1. 监狱化容易使罪犯接受罪犯社会的价值与习惯，并逐渐加入和适应罪犯社会，而对正常社会愈加疏远以至难以回归。

2. 由于罪犯长期处于监狱，这可能会使罪犯人格发生一定程度的变异或重塑，如极度自卑，缺乏自主性、自尊心和责任感，刻板，麻木和对外界事物感知迟钝等。

因此，监禁刑不利于罪犯的再社会化，社区矫正中的服刑人员不是被关押在封闭的监狱中，而是在其生活的社区中进行矫正，不影响其正常生活，因而不会受到监狱亚文化的污染，其人格不会发生变异，有利于罪犯归入或重新归入社会生活中，恢复家庭关系，获得职业教育进而顺利融入社会，实现再社会化的目标。社区矫正集中体现了再社会化理论，是目前最利于罪犯回

---

① 参见郑杭生主编：《社会学概论新修》，中国人民大学出版社 2019 年版，第 83 页。

② “监狱化”的概念最早由美国社会学家唐纳德 · 克莱默在《监狱社区》一书中提出，指罪犯对监狱文化的学习与内化的过程，具体内容可分为三个方面：一是对监狱亚文化的学习与接收；二是对监狱当局制定的正式规则和制度的学习与接收，三是对监狱普通文化的学习与接收。其中对监狱亚文化的学习与接受是罪犯监狱化的核心内容。参见王平：《中国监狱化改革及其现代化》，中国方正出版社 1999 年版，第 112 页。

归社会的行刑方式。

（四）刑罚效益原则

刑罚效益原则产生于刑事古典学派对刑罚进行的经济分析，贝卡利亚在《论犯罪与刑罚》中提出的“刑罚与犯罪向对称”和“犯罪与刑罚的阶梯”的思想就已经包含了对刑罚的经济性考量。边沁在《立法理论》中基于功利主义原则提出了罪刑相称的五个规则：刑罚之苦必须超过犯罪之利；刑罚的确定性越小，其严厉性就该越大；当两个罪行相联系时，严重之罪适用严厉之刑，从而使罪犯有可能在较轻阶段停止犯罪；罪刑越重，适用严厉之刑以减少其发生的理由就越充足；不应该对所有罪犯的相同之罪适用相同之刑，必须对可能影响感情的某些情节给予考虑。[①] 随着市场经济与经济学理论的发展，经济学的范畴与经济分析方法在法学研究中得到广泛运用（如法律经济分析学派），刑罚效益原则得以确立，它是指“在刑罚执行过程中，力求以最小的投入来获得有效地预防和控制犯罪的最大社会效益，以不执行、减少执行以及不实际执行刑罚来达到刑罚执行的效果，寻求刑罚执行的多效益”。[②]

刑罚效益原则的盛行与监禁刑的行刑成本较高有着较为密切的联系，监禁刑的显性成本主要包括监狱设施建设费用、监狱工作人员费用、监狱运行费用、罪犯的生活费用等，诚如美国犯罪学家乔治·B. 沃尔德所说，“在刑罚实践中，监禁刑作为最为普通的刑罚方法被普遍接受……但是监狱却是一个异常昂贵的

① 参见［英］吉米·边沁：《立法理论》，李贵方等译，中国人民公安大学出版社2004年版，第376～378页。

② 马克昌主编：《刑罚通论》，武汉大学出版社1999年版，第497～498页。

机构——修建、维持和运作需要花费大量财富”;[①]相较于监禁刑,社区矫正则可以明显减少行刑成本,因而非常符合刑罚效益原则,有犯罪学家指出,“社区矫正在财政节俭方面是相当显著的:把一个人监禁一年的花费,要比把一个人安置在社区监督下一年的花费,多出 20 ~ 25 倍以上”。[②] 正因为社区矫正相比于监禁刑能够节省大量行刑成本,符合刑罚效益原则,因而在各个国家和地区的刑罚改革中异军突起,在我国越来越受重视。

（五）恢复性司法理论

恢复性司法是近几十年来在西方兴起的一场司法改革运动,它正深刻地影响着世界范围内犯罪预防及控制的趋向,这场运动旨在对当前社会的犯罪及冲突解决模式进行变革。它是想通过以社区为基础的修复性司法和道德化社会控制来取代现存的惩罚性司法和控制。恢复性司法的核心价值是恢复性。它旨在寻求愈合因为犯罪行为而造成的创伤的方法。一般来说,大家所关注的是怎样使被害人在被害后从所受到的创伤中尽快愈合,回归到原来的生活状态。他们可以向犯罪人表达自己的愤怒,可以提出经济方面的赔偿请求,通过这些方式可以使被害人

---

① 以美国为例,美国政府为私营监狱企业提供“每日补贴”,从 2013 年每名囚犯每天 45.69 美元到 2018 年每名囚犯每天 49.85 美元,增加了 9.1%,总额增加了 249 万美元。特朗普政府在 2019 年度预算中寻求了 27 亿美元用于向私营监狱企业付款。美国司法统计局数据显示,改造一名囚犯的花费为 1.5 万 ~6 万美元,而一名学生的教育经费仅为 7000 ~ 1.6 万美元,即囚犯再社会化成本已经远远超出了普通教育成本。有效的教育和培训能将囚犯再犯罪率降低 40%。此外,监禁刑的隐形成本还包括罪犯被监禁而对原来工作单位造成的损失、罪犯家庭的资源损耗等。但美国司法部研究发现 20% 的私营监狱服刑人员在被释放后的 3 年内又重返监狱。参见韩舒:《美国私营监狱问题分析》,载《产业与科技论坛》2020 年第 1 期,第 120 ~ 121 页。

② 吴宗宪:《社区矫正比较研究》(上),中国人民大学出版社 2011 年版,第 65 页。

在宣泄情绪中得到释放，精神得到安慰，在物质方面得到一定的补偿；但是往往忽视了犯罪人的恢复，犯罪人也因其犯罪行为而受到伤害，精神处于极度的恐惧和不安中，担心面临的刑事制裁、担心被家庭和社会抛弃，在这种焦虑情绪的支配下，无法进行正常的生活和学习，甚至有人会“破罐破摔”，实施更为严重的犯罪行为。恢复性司法所关注的重点是对犯罪人的治疗与复归、对被害人心灵的抚慰与修复、对社区秩序的恢复。①

恢复性司法理论建立在社会连带主义之上，18 世纪后期产生的古典学派在分析犯罪原因时，把人的犯罪行为归结为个人意志自由选择的结果，19 世纪产生的实证学派将人的生理的、心理的、社会的、社会心理的多种因素之间的相互作用，看作导致人的犯罪心理和犯罪行为产生的原因，因此，恢复性司法理论主张，社会或社区对犯罪人的犯罪行为也应承担相应的责任，而不能仅由犯罪人承担严厉的国家制裁，亦应关注犯罪人也可能是其犯罪行为的受害者，进而对其进行抚慰与治疗。恢复性司法理论对社区矫正制度影响最大的莫过于各国在针对实施犯罪行为的未成年人进行社区矫正时，强调符合未成年人的身心特点，充分体现人文关怀与特殊保护。

例如，我国《社区矫正法》设专章规定了未成年人社区矫正，第 52 条规定社区矫正机构应当根据未成年社区矫正对象的年龄、心理特点、发育需要、成长经历、犯罪原因、家庭监护教育条件等情况，采取针对性的矫正措施。社区矫正机构为未成年社区矫正对象确定矫正小组，应当吸收熟悉未成年人身心特点

① 参见黄延峰：《恢复性司法视域下未成年犯社区矫正研究》，载《学术探索》2014 年第 10 期，第 41 ~ 44 页。

的人员参加。对未成年人的社区矫正，应当与成年人分别进行。我国《社区矫正法实施办法》第 55 条规定，社区矫正机构、受委托的司法所应当根据未成年社区矫正对象的年龄、心理特点、发育需要、成长经历、犯罪原因、家庭监护教育条件等情况，制订适应未成年人特点的矫正方案，采取有益于其身心健康发展、融入正常社会生活的矫正措施。社区矫正机构、司法所对未成年社区矫正对象的相关信息应当保密。对未成年社区矫正对象的考核奖惩和宣告不公开进行。对未成年社区矫正对象进行宣告或者处罚时，应通知其监护人到场。社区矫正机构、司法所应当选任熟悉未成年人身心特点，具有法律、教育、心理等专业知识的人员负责未成年人社区矫正工作，并通过加强培训、管理，提高专业化水平。

恢复性司法理论作为社区矫正的理论基础还体现在其是“标签理论”的理论基础，标签理论认为，越轨者一旦被贴上犯罪人的标签，就会在心灵上留下耻辱的烙印，产生“自我降格”的心理过程，进而顺应社会评价，由原先的初次越轨行为逆变为更为严重的继发越轨行为，甚至将其演变为某种难以改变的行为方式。标签理论为社区矫正的发展贡献了心理学上的力量。

第三节　参与社区矫正的机构

社区矫正工作是一件复杂的工作，需要多个机构相互协调、配合才能实现对犯罪人进行社区矫正的目的，既对犯罪人的犯罪行为进行一定程度的制裁，又矫正犯罪人的心理状态、行为习惯，使其再次成为社会秩序的遵守者与维护者。根据《社区矫正法》第8条的规定,国务院司法行政部门主管全国的社区矫正工作。县级以上地方人民政府司法行政部门主管本行政区域内的社区矫正工作。人民法院、人民检察院、公安机关和其他有关部门依照各自职责,依法做好社区矫正工作。人民检察院依法对社区矫正工作实行法律监督。地方人民政府根据需要设立社区矫正委员会,负责统筹协调和指导本行政区域内的社区矫正工作。《社区矫正法》第9条规定,县级以上地方人民政府根据需要设置社区矫正机构,负责社区矫正工作的具体实施。社区矫正机构的设置和撤销,由县级以上地方人民政府司法行政部门提出意见,按照规定的权限和程序审批。司法所根据社区矫正机构的委托,承担社区矫正相关工作。

《社区矫正法》的颁布实施,使得司法行政机关作为执行主体的法律地位正式确立;公、检、法、司之间的关系得到合理调整;社区矫正中的社会参与得到充分的制度支持。在法律的层面,正式确立了在社区矫正运行中,司法行政机关与公、检、法等国家力量合作的基本框架,为后续工作的展开提供了基本前提。[①]《社区矫正法实施办法》进一步对人民法院、人民检察院、公安机关、司法行政机关以及监狱,特别是社区矫正机构在社区矫正工作中的职能作用作出明确规定,构建科学高效的社区矫正执法体系。加强横向协调,细化了人民法院、人民检察院、公安机关、监狱管理机关、社区矫正机构之间的职责分工,明确各方执法权限和法律责任,解决部门之间职责交叉、责任不清等问题。厘清了纵向职责,明确社区矫正委员会、司法行政机关、社

① 参见崔会如:《〈社区矫正法〉实施背景下司法行政机关的机遇、挑战及应对》,载《天津法学》2020年第3期,第88~94页。

区矫正机构和司法所之间的工作关系,社区矫正委员会负责统筹协调和指导本行政区域内的社区矫正工作,司法行政机关作为社区矫正工作主管机关,履行指导管理社区矫正工作的职责,向社区矫正委员会报告工作开展情况,提请协调解决社区矫正工作中的问题;社区矫正机构是社区矫正的执行机关,负责社区矫正工作的具体实施;司法所根据社区矫正机构的委托,承担社区矫正相关工作。2021 年 2 月 27 日,经中央批准,全国政法队伍教育整顿动员部署会议在北京召开,全国政法队伍教育整顿将分两批进行,首批为市县两级党委政法委、政法单位以及省属监狱、戒毒所,于 2021 年 2 月底至 6 月底开展整顿;第二批为中央政法委、中央政法单位、省级党委政法委、政法单位,自 2021 年 8 月开始至 10 月底开展整顿。从目前的整顿成效来看,在社区矫正领域,公、检、法、司之间的关系得到进一步调整,工作的配合度已有明显提高。

一、社区矫正的主管机关——司法行政机关

(一)司法行政机关主管社区矫正的原因

根据《社区矫正法》第 8 条的规定,国务院司法行政部门主管全国的社区矫正工作。县级以上地方人民政府司法行政部门主管本行政区域内的社区矫正工作。之所以将司法行政机关作为社区矫正主管机关,主要是基于以下原因:

第一,根据我国宪法规定,人民法院作为国家审判机关,应专门负责司法审判工作,而社区矫正执行属于刑事执行的范畴,由人民法院负责管理社区矫正执行工作与人民法院的职能相冲突,人民法院自己审判、自己执行,不符合人民法院中立审判的法理精神。

第二，从我国人民法院工作的实际情况来看，法院负责审判、执行的案件数量逐年增加，审判任务繁重，将社区矫正交由人民法院执行，必将影响人民法院的本职工作。①

第三，由于宪法赋予人民检察院法律监督职能，人民检察院不可能承担社区矫正管理与执行工作。

第四，根据我国《刑事诉讼法》的规定，公安机关行使侦查逮捕权，同时管理社区矫正，与刑事司法权力合理分工、相互制衡的原则不相符合，再有，公安机关的警力，尤其是基层派出所的警力严重不足，公安机关也难以有足够的警力投入管制、缓刑等社区矫正执行工作中。

第五，司法行政机关作为社区矫正主管机关具有如下优势：一是我国司法行政机关本身即具有刑罚执行职能，具有管理、矫正罪犯的资源和经验，无须从零做起；二是司法行政机关管理社区矫正便于刑罚执行工作的衔接，对于缓刑犯、假释犯、暂予监外执行犯等而言，在监禁刑由司法行政机关负责的情况下，如果由司法行政机关主管社区矫正，则便于实现社区矫正与监禁矫正的顺利衔接，两大矫正系统的统一管理有利于对服刑人员不间断的可持续的教育改造，能取得较好的矫正效益；三是司法行政机关负责社区矫正符合国际社会普遍趋势，例如，1998 年，俄罗斯将刑事执行权统一至司法行政机关，2007 年，英国新成立司法部，负责管理法院、监狱、缓刑和宪政事务，此前的全国犯罪人管理局划归新成立的司法部。

---

① 参见荣容、肖君拥主编：《社区矫正的理论与制度》，中国民主法制出版社 2007 年版，第 167 页。

（二）司法行政机关在社区矫正中的职责

根据《社区矫正法》第 8 条以及第 9 条的规定，国务院司法行政部门主管全国的社区矫正工作。县级以上地方人民政府司法行政部门主管本行政区域内的社区矫正工作。县级以上地方人民政府根据需要设置社区矫正机构，负责社区矫正工作的具体实施。《社区矫正法实施办法》第 4 条规定："司法行政机关依法履行以下职责：（一）主管本行政区域内社区矫正工作；（二）对本行政区域内设置和撤销社区矫正机构提出意见；（三）拟定社区矫正工作发展规划和管理制度，监督检查社区矫正法律法规和政策的执行情况；（四）推动社会力量参与社区矫正工作；（五）指导支持社区矫正机构提高信息化水平；（六）对在社区矫正工作中作出突出贡献的组织、个人，按照国家有关规定给予表彰、奖励；（七）协调推进高素质社区矫正工作队伍建设；（八）其他依法应当履行的职责。"

二、社区矫正的执行机关——社区矫正机构

《社区矫正法》第 9 条规定，县级以上地方人民政府根据需要设置社区矫正机构，负责社区矫正工作的具体实施。司法所根据社区矫正机构的委托，承担社区矫正相关工作。《社区矫正法实施办法》第 10 条也作了相同的规定。下面，本书结合立法与司法实践，将社区矫正机构和司法所的职能总结如下。

（一）社区矫正机构在社区矫正中的职责

《社区矫正法实施办法》第 9 条规定，社区矫正机构是县级以上地方人民政府根据需要设置的，负责社区矫正工作具体实施的执行机关。社区矫正机构依法履行以下职责：

（1）接受委托进行调查评估，提出评估意见；

(2)接收社区矫正对象,核对法律文书、核实身份、办理接收登记,建立档案;

(3)组织入矫和解矫宣告,办理入矫和解矫手续;

(4)建立矫正小组、组织矫正小组开展工作,制订和落实矫正方案;

(5)对社区矫正对象进行监督管理,实施考核奖惩;审批会客、外出、变更执行地等事项;了解掌握社区矫正对象的活动情况和行为表现;组织查找失去联系的社区矫正对象,查找后依情形作出处理;

(6)提出治安管理处罚建议,提出减刑、撤销缓刑、撤销假释、收监执行等变更刑事执行建议,依法提请逮捕;

(7)对社区矫正对象进行教育帮扶,开展法治道德等教育,协调有关方面开展职业技能培训、就业指导,组织公益活动等事项;

(8)向有关机关通报社区矫正对象情况,送达法律文书;

(9)对社区矫正工作人员开展管理、监督、培训,落实职业保障;

(10)其他依法应当履行的职责。

社区矫正机构在社区矫正中的职责主要包括对社区矫正对象进行调查评估、监督管理、教育帮助和其他工作。

1. 调查评估

《社区矫正法》第18条规定,社区矫正决定机关根据需要,可以委托社区矫正机构或者有关社会组织对被告人或者罪犯的社会危险性和对所居住社区的影响,进行调查评估,提出意见,供决定社区矫正时参考。居民委员会、村民委员会等组织应当提供必要的协助。

社区矫正机构在调查评估环节的工作主要包括：

开展调查评估：接受调查评估文书、通过走访、谈话向被告或罪犯的家庭成员、工作单位、村（居）民委员会、公安派出所、社区居民、被害人等开展调查，制作调查评估笔录，出具调查评估意见。

反馈调查评估意见：向委托机关提交调查评估意见及相关材料复印件，并同时抄送当地人民检察院，制作调查评估档案。

反馈无法或者不予调查评估意见：主要是处理公安机关来函，制作退函并寄送返回给委托单位。

2. 监督管理

根据《社区矫正法》第 23 条的规定，社区矫正对象在社区矫正期间应当遵守法律、行政法规，履行判决、裁定、暂予监外执行决定等法律文书确定的义务，遵守国务院司法行政部门关于报告、会客、外出、迁居、保外就医等监督管理规定，服从社区矫正机构的管理。监督管理，是指在社区矫正相关法律法规的要求下，社区矫正机构对社区矫正对象在社区矫正期间的有关行为、活动等进行管理的过程。

（1）监督管理的内容

根据《社区矫正法》第 23 条的规定，社区矫正对象在社区矫正期间应当遵守法律、行政法规，履行判决、裁定、暂予监外执行决定等法律文书确定的义务，遵守国务院司法行政部门关于报告、会客、外出、迁居、保外就医等监督管理规定，服从社区矫正机构的管理。行为监督是指社区矫正机构依照规定对社区矫正对象的行为和状况进行监视和督促的活动，行为监督的目的主要是预防社区矫正对象再次实施违法犯罪行为并维护良好的社区矫正工作秩序。行为监督内容较多，主要包括监督社区矫正对象是否按时报到、是否定期报告遵纪守法,接受监督管理,参加教育学习,社区服务和社会活动的情况、是否遵守禁止令、是否遵守外出请假批准制度、是否遵守会客批准制度、是否遵守迁居更批准制度、是否参加社区服务等。

同时根据《社区矫正法》第 28 条的规定,社区矫正机构根据社区矫正对象的表现,依照有关规定对其实施考核奖惩。社区矫正对象认罪悔罪、遵守法律法规、服从监督管理、接受教育表现突出的,应当给予表扬。社区矫正对象违反法律法规或者监督管理规定的,应当视情节依法给予训诫、警告、提请公安机关予以治安管理处罚,或者依法提请撤销缓刑、撤销假释、对暂予监外执行的收监执行。

社区矫正机构在监督管理环节的工作主要包括:登记接收,要求补齐文书,入矫宣告,出境管理,提请边控,查找社区矫正对象,组建矫正小组,变更矫正小组,制订矫正方案,调整矫正方案,确定分类管理,日常报告、走访、外出请假审批,办理销假、外出请假监管,经常性跨市县审批,经常性跨市县监管,信息化核查,接收委托、协助对外出社区矫正对象监督管理,执行地变更审批,执行地变更办理,实施电子定位监管,脱管查找,开展计分考核,调查取证,办理会客审批,禁止令执行,暂予监外执行对象情况核查及审查、延长、调整暂予监外执行提交身体情况报告手续办理,组织开展病情诊断或生活不能自理鉴别,回复监所关于对保证人的意见,确定新保证人,未成年社区矫正对象监护人监护责任监督,提请立功审核,提请重大立功审核,办理表扬,办理训诫,办理警告,提请治安管理处罚,提出减刑建议,提请撤销缓刑,提请暂予监外执行收监执行,提请撤销假释,撤销缓刑、假释的同时提请逮捕,办理终止手续,办理解除矫正手续,协助追逃,重大事项报告，通报社区矫正对象情况，送达法律文书等事项。

（2）监督管理的方式

根据《社区矫正法》第24条的规定，社区矫正机构应当根据裁判内容和社区矫正对象的性别、年龄、心理特点、健康状况、犯罪原因、犯罪类型、犯罪情节、悔罪表现等情况，制订有针对性的矫正方案，实现分类管理、个别化矫正。矫正方案应当根据社区矫正对象的表现等情况相应调整。此条体现分类矫正、分类管理的理念。

分类管理，是指社区矫正机构根据社区矫正对象被判处的刑罚种类、犯罪情况、矫正期限、风险等级、悔罪表现、遵纪守法等情况，有针对性地实行严管、普管、宽管的管理制度。分类监管有利于合理配置社区矫正机构较为有限的管理资源，同时，对不同类型、不同层次、同一对象的不同阶段实行不同的行为监管，符合哲学上"具体情况具体分析"的思考方法，有针对性地防范社区矫正对象的违法行为和帮助其完成（再）社会化，有利于实现社区矫正效应价值的最大化，进一步实现社会安全和稳定。

3. 教育帮助

《社区矫正法》第35条规定，县级以上地方人民政府及其有关部门应当通过多种形式为教育帮扶社区矫正对象提供必要的场所和条件，组织动员社会力量参与教育帮扶工作。有关人民团体应当依法协助社区矫正机构做好教育帮扶工作。《社区矫正法》第38条规定，居民委员会、村民委员会可以引导志愿者和社区群众，利用社区资源，采取多种形式，对有特殊困难的社区矫正对象进行必要的教育帮扶。

社区矫正机构对社区矫正对象的教育帮助可以分为两个方面，教育主要指教育矫正，帮助则主要指帮困扶助。

(1)教育矫正

作为社区矫正的基本内容和重要任务之一,践行恢复性司法理论的主要方法,实现刑罚任务的重要手段[①],也是社区矫正机构转变社区矫正对象的不良心理和行为恶习,促进其再社会化的系统性影响活动。

《社区矫正法》第36条规定,社区矫正机构根据需要,对社区矫正对象进行法治、道德等教育,增强其法治观念,提高其道德素质和悔罪意识。对社区矫正对象的教育应当根据其个体特征、日常表现等实际情况,充分考虑其工作和生活情况,因人施教。同时,《社区矫正法》第40条规定,社区矫正机构可以通过公开择优购买社区矫正社会工作服务或者其他社会服务,为社区矫正对象在教育、心理辅导、职业技能培训、社会关系改善等方面提供必要的帮扶。社区矫正机构在教育矫正环节的工作主要包括:减免集中教育和公益活动审批、进行入矫教育、进行矫中教育、进行解矫教育、解矫宣告、组织开展心理健康教育、心理辅导和心理治疗、组织参加公益活动等。教育矫正应当以因人施教、因地制宜、以理服人和循序渐进为原则,它包括常规教育与非常规教育。

常规教育内容应当包括公共道德、法律常识、时事政策等教育学习活动。非常规教育主要是指公益劳动,社区矫正中的公益劳动是指社区服刑人员根据社区矫正机构的安排进行公共服务方面的无偿劳动,要求社区矫正对象进行公益劳动在形式上

① 德国著名刑罚学家冯·李斯特认为:刑罚的任务是将罪犯改造成为一个社会有用之才。参见[德]弗兰茨·冯·李斯特著,施密特修订:《德国刑法教科书》,徐久生译,法律出版社2006年版,第9页。

容易被误解为只是对社区矫正对象的惩罚和制裁，有加重处罚的嫌疑。但在另一个维度上，参加公益劳动有利于社区矫正对象养成恰当的劳动观念，有利于修复社会关系，培养社会责任感，有利于促进社区矫正对象重新适应社会生活。因此，公益劳动也是教育矫正的一部分。目前，我国社区矫正中的公益劳动类型主要有：在公共场所从事清洁、环保、维护等辅助性工作，到养老院、福利院等社会福利机构为孤寡老人、孤儿、残疾人等提供服务等。

（2）帮困扶助

社区矫正对象帮困扶助是指社区矫正机构整合各种资源帮助社区矫正对象解决生活、就业、法律及心理等方面的困难和问题，使其顺利回归社会的社区矫正工作。

《社区矫正法》第 37 条规定，社区矫正机构可以协调有关部门和单位，依法对就业困难的社区矫正对象开展职业技能培训、就业指导，帮助社区矫正对象中的在校学生完成学业。结合《社区矫正法》上述规定和我国社区矫正的实践工作，帮困扶助主要包括为社区矫正工作人员提供临时性救助，帮助其落实社会保证措施，为其提供职业技能培训和就业指导，帮助其完成学业，为其提供心理帮助等。社区矫正机构在帮困扶助环节的工作主要包括开展社会帮扶以及与解除社区矫正后的安置帮教工作的衔接等。以临时性救助为例，“中途之家”是社区矫正机构为社区矫正对象提供临时性救助的平台，2007 年，北京市朝阳区建立了“阳光中途之家”，其主要为“三无”（无家可归、无亲可投、无生活来源）社区矫正对象提供教育、食宿、劳动技能培训帮助，从根本上解决了“三无”人员的就业问题与生存问题。

4. 其他工作

社区矫正机构的其他工作主要包括社区矫正信息化工作，委托司法所开展工作，组织、参加会议及社区矫正业务教育学习、培训等，应急处置，情况通报，沟通协调，社区矫正档案管理工作，参加非社区矫正业务教育学习、培训等，开展各类通报、评选、考核，承担县级社区矫正委员会办公室日常工作，指导司法所，开展复议、信访投诉处理，办文、办会等日常工作，报表、数据统计工作等。

（二）司法所在社区矫正中的职责

《社区矫正法》第 9 条第 2 款和《社区矫正法实施办法》第 10 条均规定，司法所根据社区矫正机构的委托，承担社区矫正相关工作。司法所参与社区矫正与社区矫正工作所提倡的队伍专职化、场所标准化、执法规范化、帮扶社会化、督查常态化等"五化"态势并不矛盾。司法所具有属地优势，与社区矫正对象联系更为方便，更有利于实现社区矫正社会化及网格化的要求。

由于《社区矫正法》的上述条文表述较为抽象，结合《社区矫正法实施办法》以及各地矫正实践，目前社区矫正机构委托司法所承担的社区矫正相关工作主要包括：

1. 根据案件需要，参与调查评估。收集村（居）会意见和被害人意见、社会危险性、对居住社区的影响等情况。

2. 参与本辖区社区矫正对象矫正小组工作，履行矫正小组成员的责任。根据案件需要，司法所工作人员担正小组组长，履行组长职责。

3. 配合开展社区矫正监督管理工作，按照社区矫正机构的要求，落实走访考察等措施，及时向社区矫正机构报告社区矫正对象的活动情况和行为表现；加强与社区矫正机构、镇（街道）

的信息衔接工作，定期将本辖区社区矫正对象情况向镇（街道）进行汇报，督促社区矫正对象所在村（居）委会、监护人、家庭成员、所在单位或就读学校依法协助社区矫正机构做好社区矫正工作；对因违规受到处罚的社区矫正对象，联合村（居）委会对其开展针对性新育；对本辖区不服从监管、经评估再犯罪风险较高、有报复社会或他人倾向、社会交往异常或者家庭发生变故、身患重病、有自杀倾向、发生矛盾纠纷等特殊情况的社区矫正对象开展个别教育，及时采取心理疏导、危机干预等措施。

4. 发挥属地优势，对辖区社区矫正对象开展教育帮扶活动，并出具相关证明资料：利用社会资源，对有特殊困难的社区矫正对象申请社会救助和法律援助。

5. 配合查找失去联系的社区矫正对象，对接镇（街道）、村（居）委会、派出所，参与查找本辖区失去联系的社区矫正对象。根据社区矫正机构安排，先期介入处置因社区矫正对象引发的矛盾纠纷、信访事件、群体性事件、突发紧急事件等。

6. 因执行回避制度或特殊案件的执行需要，采取“一案一委托”或“一事一委托”方式进行委托。

三、社区矫正决定机关——人民法院

《社区矫正法》第 17 条规定，社区矫正决定机关判处管制、宣告缓刑、裁定假释、决定或者批准暂予监外执行时应当确定社区矫正执行地。本法所称社区矫正决定机关，是指依法判处管制、宣告缓刑、裁定假释、决定暂予监外执行的人民法院和依法批准暂予监外执行的监狱管理机关、公安机关。据此，人民法院是社区矫正的决定机关，在社区矫正中具有不可替代的作用。

《社区矫正法实施办法》第5条规定：

“人民法院依法履行以下职责：

（一）拟判处管制、宣告缓刑、决定暂予监外执行的，可以委托社区矫正机构或者有关社会组织对被告人或者罪犯的社会危险性和对所居住社区的影响，进行调查评估，提出意见，供决定社区矫正时参考；

（二）对执行机关报请假释的，审查执行机关移送的罪犯假释后对所居住社区影响的调查评估意见；

（三）核实并确定社区矫正执行地；

（四）对被告人或者罪犯依法判处管制、宣告缓刑、裁定假释、决定暂予监外执行；

（五）对社区矫正对象进行教育，及时通知并送达法律文书；

（六）对符合撤销缓刑、撤销假释或者暂予监外执行收监执行条件的社区矫正对象，作出判决、裁定和决定；

（七）对社区矫正机构提请逮捕的，及时作出是否逮捕的决定；

（八）根据社区矫正机构提出的减刑建议作出裁定；

（九）其他依法应当履行的职责。”

人民法院参与社区矫正的职能主要定位于：严格、准确适用刑事法律和刑事司法解释，充分运用非监禁刑的管制、缓刑、暂予监外执行和假释等鼓励罪犯改造自新的刑罚执行措施，并在宣判、宣告后及时将裁判文书抄送有关社区矫正机构，配合社区矫正机构对那些不需要、不适宜监禁的罪犯进行教育转化，提高教育改造质量，预防和减少重新犯罪。① 同时，人民法院的任务

① 参见龚春光：《法院参与社区矫正的思考》，载《江苏法治报》2006年5月25日，第OOC版。

也应止于“公正的裁判”，在社区矫正执行过程中，人民法院应与社区矫正对象保持理性的距离。

四、社区矫正监督机关——人民检察院

《社区矫正法》第 8 条规定，人民检察院依法对社区矫正工作实行法律监督。《社区矫正法实施办法》第 6 条规定：“人民检察院依法履行以下职责：

（一）对社区矫正决定机关、社区矫正机构或者有关社会组织的调查评估活动实行法律监督；

（二）对社区矫正决定机关判处管制、宣告缓刑、裁定假释、决定或者批准暂予监外执行活动实行法律监督；

（三）对社区矫正法律文书及社区矫正对象交付执行活动实行法律监督；

（四）对监督管理、教育帮扶社区矫正对象的活动实行法律监督；

（五）对变更刑事执行、解除矫正和终止矫正的活动实行法律监督；

（六）受理申诉、控告和举报，维护社区矫正对象的合法权益；

（七）按照刑事诉讼法的规定，在对社区矫正实行法律监督中发现司法工作人员相关职务犯罪，可以立案侦查直接受理的案件；

（八）其他依法应当履行的职责。”

人民检察院参与社区矫正工作，主要任务是开展法律监督，保障社区矫正工作依法进行。社区矫正作为刑罚执行的重要组成部分，应当接受检察机关的法律监督，这是检察机关履行法律

监督职能的重要方面。

五、社区矫正决定机关——公安机关

《社区矫正法》第 17 条规定,本法所称社区矫正决定机关,是指依法判处管制、宣告缓刑、裁定假释、决定暂予监外执行的人民法院和依法批准暂予监外执行的监狱管理机关、公安机关。《社区矫正法实施办法》第 7 条规定:“公安机关依法履行以下职责:

(一)对看守所留所服刑罪犯拟暂予监外执行的,可以委托开展调查评估;

(二)对看守所留所服刑罪犯拟暂予监外执行的,核实并确定社区矫正执行地;对符合暂予监外执行条件的,批准暂予监外执行;对符合收监执行条件的,作出收监执行的决定;

(三)对看守所留所服刑罪犯批准暂予监外执行的,进行教育,及时通知并送达法律文书;依法将社区矫正对象交付执行;

(四)对社区矫正对象予以治安管理处罚;到场处置经社区矫正机构制止无效,正在实施违反监督管理规定或者违反人民法院禁止令等违法行为的社区矫正对象;协助社区矫正机构处置突发事件;

(五)协助社区矫正机构查找失去联系的社区矫正对象;执行人民法院作出的逮捕决定;被裁定撤销缓刑、撤销假释和被决定收监执行的社区矫正对象逃跑的,予以追捕;

(六)对裁定撤销缓刑、撤销假释,或者对人民法院、公安机关决定暂予监外执行收监的社区矫正对象,送交看守所或者监狱执行;

(七)执行限制社区矫正对象出境的措施;

（八）其他依法应当履行的职责。”

尽管公安机关从社区矫正试点工作开展以来，不再对管制、缓刑、假释、暂予监外执行四种犯罪人进行监管教育，但公安机关在社区矫正中依然有着举足轻重的力量，例如，需要公安机关对违反治安管理规定和重新犯罪的社区矫正对象及时依法处理、及时追捕在逃的社区服刑人员，协助司法行政机关查找脱管的社区服刑人员等，鉴于公安机关在社会中享有的权威性，公安机关在社区矫正工作中积极配合司法行政机关，不但有利于司法行政机关顺利地开展对社区矫正对象的监督管理，也有利于社区矫正对象接受教育帮扶。

第四节　社区矫正工作者与社区矫正对象

一、社区矫正工作者

《社区矫正法》第 10 条规定，社区矫正机构应当配备具有法律等专业知识的专门国家工作人员（以下简称社区矫正机构工作人员），履行监督管理、教育帮扶等执法职责。

《社区矫正法》第 11 条规定，社区矫正机构根据需要，组织具有法律、教育、心理、社会工作等专业知识或者实践经验的社会工作者开展社区矫正相关工作。

《社区矫正法》第 12 条规定，居民委员会、村民委员会依法协助社区矫正机构做好社区矫正工作。

社区矫正对象的监护人、家庭成员，所在单位或者就读学校应当协助社区矫正机构做好社区矫正工作。

《社区矫正法》第 13 条规定，国家鼓励、支持企业事业单位、社会组织、志愿者等社会力量依法参与社区矫正工作。

司法行政机关是社区矫正的主管机关；社区矫正机构是社区矫正的执行机关；司法所可以根据社区矫正机构的委托，承担社区矫正相关工作。然而，承担、实施社区矫正工作的人员并不仅仅是司法行政机关的工作人员，还包括社会工作者和志愿者。社区矫正工作者具有以下特点：一是人员类别多样，是指社区矫正工作者包括多种不同类型、以不同身份从事社区矫正工作的人员；二是素质的复杂性，不同身份的社区工作者在文化程度、专业知识、工作技能、社会经验等方面，往往存在不同程度的差异，进而导致素质存在一些差别；三是作用的重要性，社区矫正工作者是社区矫正工作具体的承担者与实施者，他们与社区矫正对象联系最为紧密，对社区矫正对象的影响最为直接，发挥社区工作者的作用能够有效促使社区矫正对象矫正恶习、回归正常社会生活。基于社区工作者对社区矫正工作能否成功开展的重要影响，社区矫正工作者应该具有一定的基本素养、知识素养、工作素养和责任素养。①

（一）社区矫正机构工作人员

根据我国社区矫正工作的有关规定和工作实践，社区矫正机构工作人员实施社区矫正的主要工作，是社区矫正工作的主要承担者，其亦被一些学者称为“社区矫正官”。

1. 特征

社区矫正机构工作人员主要有三个特征：

---

① 参见廖斌：《社区矫正工作主体初论》，载《法学杂志》2005 年第 7 期，第 107 ~ 109 页。

(1)领导者。其在社区矫正工作中处于领导地位,他们组织、指挥社区矫正社会工作者和社区矫正志愿者开展相关的社区矫正工作(一个重要的体现就是,矫正小组一般由社区矫正机构工作人员任组长)。

(2)执法者。社区矫正机构工作人员是从事非监禁刑罚执行工作的执法者。

(3)公务员。《社区矫正法》第10条规定,社区矫正机构应当配备具有法律等专业知识的专门国家工作人员,履行监督管理、教育帮扶等执法职责。社区矫正机构工作人员是国家公务员,是依法履行公职、纳入国家行政编制、由国家财政负担工资福利的工作人员。

2. 职能与主要工作内容

(1)管理职能

社区矫正机构工作人员依法对社区矫正对象进行日常管理,包括办理相关的法律手续、接受、评估、考核、审批有关活动的安排。

(2)惩罚职能

惩罚职能是指依法对社区矫正对象进行使其感到不适、痛苦的职能,如对社区矫正对象给予警告,提出给予治安管理处罚建议,提出撤销缓刑、假释、收监执行建议等。

(3)帮助职能

帮助职能是指社区矫正机构工作人员利用多种方式方法解决社区矫正对象存在的困难和问题的职能,例如,开展个别教育和心理辅导,协调有关部门和单位开展职业培训和就业指导,帮助其落实社会保障措施。

（二）社会工作者

社会工作者是社区矫正工作者中的重要类别，指根据一定条件选择并经培训后对社区矫正对象开展相关社会工作的全日制专业人员。社会工作者是社区矫正工作者队伍中的辅助力量，社区矫正工作需要社会工作者参与的主要原因在于社区矫正工作的复杂性和专业性：复杂性表现为社区矫正工作内容涉及方方面面，社区矫正机构难以独自完全承担社区矫正工作，即使勉力承担，社区矫正工作的成效和质量恐怕也难以得到保障；专业性则表现为在社区矫正工作中为使社区矫正对象改掉恶习，重新回归社会，往往需要对社区矫正对象进行法制教育，实施技能培训、就业指导及心理矫正，这些工作内容具有较强的专业性，社区矫正机构显然难以胜任，但是，社会工作者则具有专业优势，通过运用专业理念和方法，能够较好地完成上述工作。

1. 参与方式

社会工作者参与社区矫正是通过专门组织与社区矫正执行机关发生工作关系的，这种专门组织可以是公益组织，其招聘社会工作者参与社区矫正工作，但并不向社区矫正执行机关收取费用（或仅收取少量的成本费用），同时，专门组织也可以是以营利目的企业，其招聘社会工作者参与社区矫正工作，要向社区矫正执行机关收取费用以维持企业的运转和增加企业的经济效益，从社区矫正执行机关的角度看就是“花钱购买服务”，无论何种参与方式，社会工作者往往要根据合同约定，对社区矫正对象开展所约定的具体工作。

2. 工作内容

社会工作者参与社区矫正工作的首要职责或义务是协助社区矫正机构及司法所开展相关的专业社会工作，从我国社区矫正工作实践来看，其工作内容主要包括以下几个方面①：

第一，协助制订矫正计划、方案，具体实施矫正措施。主要包括对矫正对象的心理矫正和行为矫正等。

第二，提供帮助、服务。协调有关部门和单位为社区服刑人员提供职业培训和就业指导，为符合条件的社区矫正对象提供最低生活保障，为社区矫正对象遇到的其他问题提供帮助和指导。

第三，教育、培训、对矫正对象进行刑事政策教育、法制教育、公民道德教育以及其他方面的教育，培训和指导社区矫正其他工作人员，如专业技术人员、志愿者等。

第四，加强与社会志愿者以及其他矫正力量的协调和配合，努力形成工作合力，最大限度地为矫正工作服务。

（三）志愿者

志愿者（Volunteer）是指不以物质报酬为目的，利用自己的时间、技能等资源，自愿为国家、社会和他人提供服务的人。社区矫正志愿者是指志愿地为社区矫正工作提供一定服务和帮助的社区居民。志愿者是社区矫正工作队伍中的补充力量，在社区矫正工作中充分利用志愿人员开展相关工作，是社区矫正的重要优势，其可以在一定程度上解决社区矫正工作中专职人员数量不足的问题，同时，志愿者的才干和经验也可以在一定程度上提高社区矫正的成效。

1. 任职资格

社区矫正志愿者应当拥护宪法，遵守法律，品行端正；热心

① 参见范燕宁、席小华主编：《矫正社会工作研究—2008》，中国人民公安大学出版社 2009 年版，第 222～223 页。

社区矫正工作;有一定的法律政策水平、文化素质和专业知识。

2. 工作内容

从我国社区矫正工作的实践来看,社区矫正志愿者能够从事的工作,主要包括谈话辅导、咨询帮助、文化教育、职业技能培训等。志愿者在社区矫正工作的工作内容还不够广泛,力量发挥还不够充分,这是由志愿者的兼职性和流动性造成的,要使志愿者在社区矫正中发挥更大的作用,需要我国形成一支规模较大、素质较强的志愿者队伍,而建成这样一支队伍的前提是人民群众要逐渐形成公益观点和志愿工作意识,这还需要各方面机构等加以努力。

值得注意的是,社区矫正机构、司法所或社会工作者在安排志愿者从事社区矫正工作时,应当注意他们与社区矫正对象的心理相容性,即志愿者与社区矫正对象要"合得来",否则容易产生矛盾、冲突,进而导致社区矫正工作不能取得良好的成效,甚至南辕北辙。

二、社区矫正对象

《社区矫正法》第 2 条规定,对被判处管制、宣告缓刑、假释和暂予监外执行的罪犯,依法实行社区矫正。社区矫正对象是与社区矫正工作者相对应的一个概念,是指依法接受社区矫正的罪犯,其也是社区矫正的适用对象,主要包括管制犯、缓刑犯、假释犯及暂予监外执行犯。社区矫正对象有以下特点:

第一,社区矫正对象是犯罪后被定罪判刑的自然人,罪刑法定是我国刑法规定的基本原则,如果一个自然人没有实施刑法所明文规定的犯罪行为,就不得对其定罪处罚,其自然也不能成为社区矫正对象,因此那些只实施了轻微的危害行为并未被人民法院定罪处刑的人员，例如，接受治安处罚的违法人员及被人民检察院作出不起诉决定的人员，不属于社区矫正对象。

第二，社区矫正对象的身份具有法定性和时限性，法定性表现在社区矫正对象的身份必须由法定机构依照法定程序确定，如罪犯只有被人民法院作出管制、缓刑、假释的判决时才能成为社区矫正对象，时限性则表现为社区矫正对象的身份只限于社区矫正执行期间，一旦社区矫正执行措施执行完毕，社区矫正对象身份即终止，恢复普通公民身份。

第三，社区矫正对象在社区内服刑改造，即社区矫正对象不是在监狱等封闭的环境中服刑，而是在具有一定关系的人们共同生活的区域服刑，社区矫正对象的人身自由较监狱服刑犯要强很多。

第四，社区矫正对象具有主体地位，这是指社区矫正对象并不仅仅是单纯的制裁和改造的客体，其既承担一定的义务，也享有一定的权利。

社区矫正对象的权利义务是社区矫正制度的重要内容，也关系社区矫正对象的切身利益，需要重点加以阐述。

（一）义务

社区矫正对象的义务是其依法应当遵守的规定或者应尽的责任，除了作为公民应当履行的法律义务如纳税、保守国家秘密等之外，根据我国法律规定，社区矫正对象还应当履行如下义务：

1. 报到义务

报到义务是指适用社区矫正的裁判或者决定生效后，社区矫正对象应在规定的时间内到司法所接受社区矫正，初次报到后，在随后的社区矫正过程中，其还应当定期到司法所报到并汇报思想、活动情况，递交书面的矫正总结材料等，经过允许，社区矫正对象也可以通过电话定期向社区矫正机构、司法所报到。

2. 学习（接受教育）义务

对于社区矫正对象而言，学习并不仅仅是国家赋予公民的一项权利，更是一项义务，学习义务是指社区矫正对象在社区矫正期间应当参加公共道德、法律常识、时事政策等教育学习活动，增强法制观念、道德素质和悔罪自新意识，社区矫正机构组织教育学习活动时，社区矫正对象应当参加，不得无故缺席。

3. 在法定范围内活动的义务

社区矫正对象应当在法定的活动范围内进行活动（一般为其居住地所在地的市县级行政区域），首先，如果社区矫正对象因正当理由需暂时离开法定活动范围，其应当向社区矫正机构履行请假手续，如果填写请假申请表等，请假期满后，社区矫正对象应当到社区矫正机构报到并办理销假手续，如果社区矫正对象未经批准擅自离开法定活动区域或未按时销假，将会被认定为脱离监管；其次，体现社区矫正对象需在法定范围内活动的义务还体现在社区矫正对象未经批准不得迁居；最后，如果人民法院对被判处管制、宣告缓刑的犯罪分子颁布了禁止令的，社区矫正对象应当严格遵守禁止令，不得进入特定区域、场所或接触特定的人。

4. 公益劳动的义务

公益劳动的义务主要是指有劳动能力的社区矫正对象应当参加社区服务，修复社会关系，培养社会责任感、集体观念和纪律意识，社区矫正对象参加社区服务的情况是社区矫正机构对社区矫正对象进行考核的一项内容，同时，如果社区矫正对象违反参加公益劳动的义务，可能会被社区矫正机构加以警告或处罚。

5. 接受监督的义务

社区矫正对象接受监督的义务主要是指社区矫正对象应当遵守社区矫正机构的监督管理规定或制度，不得故意逃避监督，例如，社区矫正机构通过手机、电子定位装置等终端设备对社区矫正对象进行信息化监督以掌握其行动轨迹等信息时，社区矫正对象不得故意移除上述设备以逃避监管。

《社区矫正法》第 29 条规定："社区矫正对象有下列情形之一的，经县级司法行政部门负责人批准，可以使用电子定位装置，加强监督管理：

（一）违反人民法院禁止令的；

（二）无正当理由，未经批准离开所居住的市、县的；

（三）拒不按照规定报告自己的活动情况，被给予警告的；

（四）违反监督管理规定，被给予治安管理处罚的；

（五）拟提请撤销缓刑、假释或者暂予监外执行收监执行的。

前款规定的使用电子定位装置的期限不得超过三个月。对于不需要继续使用的，应当及时解除；对于期限届满后，经评估仍有必要继续使用的，经过批准，期限可以延长，每次不得超过三个月。

社区矫正机构对通过电子定位装置获得的信息应当严格保密，有关信息只能用于社区矫正工作，不得用于其他用途。"

（二）权利

我国《宪法》第 33 条规定，中华人民共和国公民在法律面前一律平等；任何公平享有宪法和法律规定的权利，同时必须履行宪法和法律规定的义务。因此，作为公民的社区矫正对象，除了根据法律和生效刑事判决被明确剥夺或限制的权利外，在其他权利的行使上同普通公民是平等的。因此，社区矫正对象享有生命健康权、人身自由权、人格权、住宅权、通信权、婚姻家庭权、受教育权、劳动权、获得物质帮助权等一系列宪法或法律赋予的权利。

第五节 社区矫正运行机制

一、调查评估

社区矫正调查评估是社区矫正机构对拟适用社区矫正的被告人、罪犯等相关情况做专门调查，对其人身危险性和是否具备社区矫正监管条件进行评估，以供法院等机关裁决适用社区矫正时参考的制度。它是社区矫正工作开展之前的一个重要环节，是确定犯罪嫌疑人、被告人、罪犯是否适合进行社区矫正的依据，科学准确的评估对于顺利开展社区矫正工作具有重要的作用。

（一）调查评估的委托主体

《社区矫正法》第 18 条规定，社区矫正决定机关根据需要，可以委托社区矫正机构或者有关社会组织对被告人或者罪犯的社会危险性和对所居住社区的影响，进行调查评估，提出意见，供决定社区矫正时参考。《社区矫正法实施办法》第 5 条第 1 款规定，拟判处管制、宣告缓刑、决定暂予监外执行的，可以委托社区矫正机构或者有关社会组织对被告人或者罪犯的社会危险性和对所居住社区的影响，进行调查评估，提出意见，供决定社区矫正时参考。《社区矫正法实施办法》第7条第1款规定,对看守所留所服刑罪犯拟暂予监外执行的,可以委托开展调查评估。具体而言,法院在审判阶段有权委托司法行政机关进行调查评估,公安机关(看守所)有权在侦查阶段或提请暂予监外执行时委托司法行政机关进行调查评估,监狱在提请暂予监外执行、假释时有权委托司法行政机关进行调查评估。《社区矫正法实施办法》第13条规定,社区矫正决定机关对拟适用社区矫正的被告人、罪犯,需要调查其社会危险性和对所居住社区影响的,可以委托拟确定为执行地的社区矫正机构或者有关社会组织进行调查评估。社区矫正机构或者有关社会组织收到委托文书后应当及时通知执行地县级人民检察院。

基于此,调查评估的委托主体包括人民法院、公安机关和监狱。由于调查对象仅限于被告人和罪犯,则在实质上将人民检察院排除在了调查评估的委托主体之外,根据《社区矫正法实施办法》第6条第1款之规定,人民检察院对社区矫正决定机关、社区矫正机构或者有关社会组织的调查评估活动实行法律监督,其为社区矫正调查评估的监督机关。

(二)调查评估的实施主体

《社区矫正法》颁布实施之前,在实践中,县级司法行政机关往往将调查评估交由其派出机构——司法所实施,司法所可以联合社会工作者进行调查评估,调查评估完成后,应当制作《委托调查评估函》。而根据《社区矫正法实施办法》第9条第1款的规定,调查评估的实施主体为社区矫正机构或有关社会组织。

(三)调查评估的内容

社区矫正机构应按照调查评估委托方的要求实施调查评估

内容，案件情况不同时，委托方要求社区矫正机构进行的调查评估的内容和重点也会相应不同。但一般而言，主要包括被告人、罪犯或犯罪嫌疑人的居所情况、家庭和社会关系、平时表现、犯罪行为的后果和影响、居住地村（居）民委员会和被害人意见、拟禁止的事项等，上述调查的核心目的是认识到对被告人、罪犯或犯罪嫌疑人适用社区矫正对社区的是否有重大不良影响。

二、社区矫正的执行

（一）执行的预备工作

1. 接收

社区矫正决定机关（依法判处管制、宣告缓刑、裁定假释、决定暂予监外执行的人民法院和依法批准暂予监外执行的监狱管理机关、公安机关）收到《委托调查评估函》后，认为适用社区矫正对当地社区不会产生重大不良影响的，应当作出适用社区矫正的裁判或决定，在向其宣判时或者在其离开监所之前，书面告知其到居住地社区矫正机构报到的时间期限以及逾期报到的后果，并通知居住地社区矫正机构。

根据《社区矫正法》第 21 条的规定：

"人民法院判处管制、宣告缓刑、裁定假释的社区矫正对象，应当自判决、裁定生效之日起十日内到执行地社区矫正机构报到。

人民法院决定暂予监外执行的社区矫正对象，由看守所或者执行取保候审、监视居住的公安机关自收到决定之日起十日内将社区矫正对象移送社区矫正机构。

监狱管理机关、公安机关批准暂予监外执行的社区矫正对象，由监狱或者看守所自收到批准决定之日起十日内将社区矫正对象移送社区矫正机构。”

社区矫正机构是社区矫正对象的接受机构；社区矫正对象应当自人民法院判决、裁定生效之日或者离开监所之日起 10 日内到居住地社区矫正机构报到。社区矫正机构应当及时为其办理登记接收手续。

2. 入矫宣告

根据《社区矫正法》第 22 条的规定，社区矫正机构应当依法接收社区矫正对象，核对法律文书、核实身份、办理接收登记、建立档案，并宣告社区矫正对象的犯罪事实、执行社区矫正的期限以及应当遵守的规定。社区矫正机构在接收社区矫正对象报到后，应当及时向社区矫正对象宣告判决书、裁定书、决定书、执行通知书等有关法律文书的主要内容；社区矫正期限；社区矫正对象应当遵守的规定、被禁止的事项以及违反规定的法律后果；社区矫正对象依法享有的权利和被限制行使的权利等。

3. 建立社区矫正小组与制订社区矫正方案

《社区矫正法》第 25 条规定，社区矫正机构应当根据社区矫正对象的情况，为其确定矫正小组，负责落实相应的矫正方案。

根据需要，矫正小组可以由司法所、居民委员会、村民委员会的人员，社区矫正对象的监护人、家庭成员，所在单位或者就读学校的人员以及社会工作者、志愿者等组成。社区矫正对象为女性的，矫正小组中应有女性成员。

《社区矫正法》第 24 条规定，社区矫正机构应当根据裁判内容和社区矫正对象的性别、年龄、心理特点、健康状况、犯罪原因、犯罪类型、犯罪情节、悔罪表现等情况，制订有针对性的矫正方案，实现分类管理、个别化矫正。矫正方案应当根据社区矫正对象的表现等情况做出相应调整。

社区矫正机构在接收社区矫正对象后,应当建立社区矫正小组与制订社区矫正方案,这是社区矫正实行个案管理的根本要求和体现。建立社区矫正小组,吸收具有不同知识背景和工作技能的人员组成矫正小组,能够利用各种有益的社会资源开展矫正工作,每一个社区矫正对象都有矫正小组负责,遇到困难有人帮,有利于增强对社区矫正对象的管理力度;制订社区矫正方案则可以在后面社区矫正工作中有规划、有重心,有利于促进社区矫正对象发生积极转变。

(二)社区矫正的执行

社区矫正的执行由一系列的规章制度加以确定,与社区矫正对象在社区矫正期间所负义务相对应,社区矫正的执行主要由报到制度,监督制度,学习制度,请、销假制度,迁居制度,会客制度等制度组成,具体内容可见本章第四节,在此不再详述。

(三)考核与奖惩

《社区矫正法》第 28 条规定,社区矫正机构根据社区矫正对象的表现,依照有关规定对其实施考核奖惩。社区矫正对象认罪悔罪、遵守法律法规、服从监督管理、接受教育表现突出的,应当给予表扬。社区矫正对象违反法律法规或者监督管理规定的,应当视情节依法给予训诫、警告、提请公安机关予以治安管理处罚,或者依法提请撤销缓刑、撤销假释、对暂予监外执行的收监执行。

对社区矫正对象的考核结果,可以作为认定其是否确有悔改表现或者是否严重违反监督管理规定的依据。

1. 考核

社区矫正考核是社区矫正机构在对社区服刑对象实施矫正

的过程中，依据一定的标准和程序，在矫正期限内对社区服刑人员遵守社区矫正各项规定的表现情况进行综合考核评定的工作。①

（1）目的

对社区矫正对象在社区矫正期间的态度及行为表现进行考核主要有两个目的：一方面从矫正工作有效进行来说，对所辖的社区矫正对象进行实事求是的考核，可以全面而又细致地反映出每个社区矫正对象的现阶段矫正情况，及时发现问题，修订矫正方案，调整矫正内容，有利于促进社区矫正工作达到真正的目的，即矫正犯罪人的犯罪心理与行为，使其顺利重新回归社会；另一方面，依据考核结果对社区矫正对象实施奖惩，有利于刑罚顺利实施，有利于维护社会的稳定。

（2）内容

对社区矫正对象的考核，并没有一个统一的标准，主要针对其认罪悔罪、遵纪守法、学习劳动等方面的表现情况进行，更为详细的内容和程序需要由各个地方加以明确。

2. 奖惩

考核是奖惩的前提和基础，奖惩是考核的结果和保障。奖惩主要可以分为奖励和惩罚。

（1）奖励

奖励根据奖惩机关性质的不同可以分为行政奖励与司法奖励。行政奖励主要是指表扬，即针对社区矫正对象的一般良好表现，社区矫正机构对社区矫正对象的肯定和赞许。司法奖励是指社区矫正机构在考核的基础上提出建议，主要由人民法院

---

① 姜祖桢主编：《社区矫正理论与实务》，法律出版社 2010 年版，第 28 页。

给社区矫正对象的奖励，在我国社区矫正工作实践中，司法奖励主要是指减刑。根据《社区矫正法》第33条的规定，社区矫正对象符合刑法规定的减刑条件的，社区矫正机构应当向社区矫正执行地的中级以上人民法院提出减刑建议，并将减刑建议书抄送同级人民检察院。人民法院应当在收到社区矫正机构的减刑建议书后30日内作出裁定，并将裁定书送达社区矫正机构，同时抄送人民检察院、公安机关。

(2)惩罚

惩罚亦可以根据奖惩机关性质的不同分为行政惩罚与司法惩罚。行政惩罚主要是指警告，是指社区矫正机构依照一定程序对符合条件的社区矫正对象予以提醒、告诫的行政处罚形式。司法惩罚是指社区矫正机构在考核的基础上提出建议，主要由人民法院对社区矫正对象给予的处罚，其主要形式包括撤销缓刑、撤销假释、撤销暂予监外执行。

三、社区矫正的解除与终止

(一)解除

《社区矫正法》第44条规定，社区矫正对象矫正期满或者被赦免的，社区矫正机构应当向社区矫正对象发放解除社区矫正证明书，并通知社区矫正决定机关、所在地的人民检察院、公安机关。社区矫正解除是指因矫正期限届满或社区矫正对象被赦免，社区矫正机构依照法定程序对社区矫正对象解除社区矫正的相关活动。社区矫正解除标志着社区矫正对象原判刑罚执行完毕，并作为普通公民顺利回归社会，其不必再履行作为社区矫正对象必须承担的义务，其权利和自由得到扩张。

（二）终止

根据《社区矫正法》第45条的规定，社区矫正对象被裁定撤销缓刑、假释，被决定收监执行，或者社区矫正对象死亡的，社区矫正终止。社区矫正终止是指社区矫正对象在矫正期限内出现了法定事由而使社区矫正终止。社区矫正终止的法定事由主要有社区矫正对象死亡、被收监执行等情形。

第六节　社区矫正法律监督

根据《社区矫正法》第8条之规定，人民检察院依法对社区矫正工作实行法律监督。社区矫正法律监督是指检察机关根据法律的授权，运用法律规定的手段对社区矫正情况进行监察、督促并能产生法定效力的专门工作。

一、基本功能

社区矫正法律监督具有重要的功能，这些功能主要包括保障功能、疏通功能与救济功能。

（一）保障功能

保障功能是指社区矫正法律监督所具有的确保社区矫正法律、法规得以依法、正确实施的作用。保障功能是检察机关作为国家的法律监督机关所定义的，这种保障功能在社区矫正活动中主要体现为：第一，为公安机关、司法行政机关、法院等对社区矫正工作人员的教育矫正、监督管理、帮困扶助等执法活动以及刑罚变更执行活动提供监督；第二，对上述国家公职人员的职务行为进行监督。

(二)疏通功能

疏通功能是指社区矫正法律监督的疏导有关机关在社区矫正执法、司法环节出现的衔接不畅问题,协调、促进其加强沟通、化解矛盾的作用。如在交付执行环节,针对决定机关与执行机关之间交接工作脱节的问题,检察机关可以通过内、外部协调机制,加强地区和部门间的信息沟通,监督法律文书和罪犯的交付执行到位,防止漏管发生。

(三)救济功能

救济功能是指社区矫正法律监督所有的,在社区矫正对象受到不法侵害时提供法律帮助以维护其合法权益的作用。例如,通过"检务公开"等多种形式受理社区矫正对象、被害人的举报、控告、申诉,认真对待、及时处理反映的问题,切实维护他们未被剥夺和限制的合法权益。

二、检察内容

社区矫正法律监督的目的在于保证依法、公正地实施社区矫正,基于这样的目的,社区矫正法律监督必然覆盖整个社区矫正工作的始终,具体而言,社区矫正检察内容主要包括:

(1)对社区矫正决定机关、社区矫正机构或者有关社会组织的调查评估活动实行法律监督;

(2)对社区矫正决定机关判处管制、宣告缓刑、裁定假释、决定或者批准暂予监外执行活动实行法律监督;

(3)对社区矫正法律文书及社区矫正对象交付执行活动实行法律监督;

(4)对监督管理、教育帮扶社区矫正对象的活动实行法律监督;

（5）对变更刑事执行、解除矫正和终止矫正的活动实行法律监督；

（6）受理申诉、控告和举报，维护社区矫正对象的合法权益；

（7）按照刑事诉讼法的规定，在对社区矫正实行法律监督中发现司法工作人员相关职务犯罪，可以立案侦查直接受理的案件；

（8）其他依法应当履行的职责。

第七节　分类矫正

《社区矫正法》第 3 条规定，社区矫正工作坚持监督管理与教育帮扶相结合，专门机关与社会力量相结合，采取分类管理、个别化矫正，有针对性地消除社区矫正对象可能重新犯罪的因素，帮助其成为守法公民。《社区矫正法》第 24 条规定，社区矫正机构应当根据裁判内容和社区矫正对象的性别、年龄、心理特点、健康状况、犯罪原因、犯罪类型、犯罪情节、悔罪表现等情况，制订有针对性的矫正方案，实现分类管理、个别化矫正。矫正方案应当根据社区矫正对象的表现等情况进行相应调整。《社区矫正法》第 36 条第 2 款规定，对社区矫正对象的教育应当根据其个体特征、日常表现等实际情况，充分考虑其工作和生活情况，因人施教。

以上法律制度为社区矫正对象的分类矫正提供了规范指引。理论研究关注的分类矫正包括：

一是根据犯罪类型所进行的分类矫正。同一犯罪原因和犯罪类型的社区服刑人员有着典型的类型化特征，他们在心理结构、行为模式、决策结果上有着趋同性，对他们采取针对性、类型化矫正方案和措施提高矫正质量的同时会提高矫正效率。①

二是根据人身危险性所进行的分类矫正。"人身危险性分类是现代分类体系的重要组成之一，着重关注服刑人员客观存在的、潜在的继续实施危害社会、本人或他人行为的现实可能性。"②人身危险性等级分类建立在调查和定量评价技术上。调查的过程是监管机构主动发掘服刑人员信息的过程，通常需要知道犯罪人的生活史、社会化情况、违法犯罪史、涉及成瘾物等情况。除了依据调查信息展开主观评价，对犯罪人也需要作量化评定，通过测评量表将服刑人员的生活事件等转化为与人身危险性相关的信息，在主客观综合评定的基础上，对服刑人员人身危险性进行等级分类，进而合理配置行刑和矫正资源。

三是根据人口学特征所进行的分类矫正。例如，有研究显示：在不同性别的社区矫正对象认罪态度方面，女性社区矫正对象的态度表现为向外归因，而男性则表现为向内归因；在心理状况方面，女性表现为迷茫悔恨，而男性表现为平淡坦然；在人际关系重建方面，女性社区矫正对象重视家庭关系重建，而男性重视社会交往关系重建。③ 在针对不同年龄层次社区矫正对象的研究中，学者们发现，随着老年社区矫正对象的生理机能渐进性衰退，社交范围逐渐变窄，身心适应能力变差，心理状况失衡，更

① 参见李西臣：《少数民族地区社区服刑人员的异质性及其分类矫正路径研究》，载《云南民族大学学报(哲学社会科学版)》2018年第3期，第136页。

② 参见宋行主编：《服刑人员个案矫正技术》，法律出版社2006年版，第90页。

③ 参见陈海佳：《社会性别视角下社区矫正对象社会适应研究——以S市J区为例》，上海师范大学2020年硕士学位论文，第1页。

容易产生孤独感和隔离感,甚至产生自卑、抑郁等消极情绪。而未成年社区矫正对象正处于生长发育期,认知及辨识能力较差、心智尚待成熟,自我调节、自我控制的能力相对薄弱,情感波动性强烈,容易导致价值观扭曲。故,社区矫正对象因社会性别和年龄层次的不同,其矫正的需求也存在差异,需要分类设计并实施矫正方案。

从2003年社区矫正工作在我国部分省市开展以来,到2009年社区矫正工作在我国全面推行,至今,社区矫正工作取得长足的进步,部分省市,如北京市、上海市、江苏省、浙江省、四川省等在社区矫正工作的推进和摸索过程中取得了巨大的成绩,积累了一系列的先进经验。同时,《社区矫正法》以及与其同步配套的规范性文件《社区矫正法实施办法》的实施,极大地推动了社区矫正工作的法制化、制度化和规范化。但是,由于社区矫正在我国存在的历史还很短,社区矫正实践中“一刀切”的问题亟待进一步解决。

分类矫正是将具有不同的心理结构特征、策略集合、行为模式、决策结果的服刑人员进行类型化区分,针对不同的类型施以不同的反馈机制,运用类型化“一揽子”矫正方案和措施配合个性化辅导,在服刑人员、监管者、社区参与者多方良性合作博弈的过程中,实现社区服刑人员心理矫正、行为矫正基础上的“犯罪率”降低和“再社会化”目标。[①] 通过对既有文献的梳理发现,根据犯罪类型所进行的分类矫正相关研究以及根据人身危险性所进行的分类矫正相关研究成果较为丰硕。但鲜有基于社区矫

---

① 参见李西臣:《少数民族地区社区服刑人员的异质性及其分类矫正路径研究》,载《云南民族大学学报(哲学社会科学版)》2018年第3期,第135页。

正对象的人口学特征所进行的分类矫正系统研究。因此,本书将围绕社区矫正对象的人口异质性特点,通过循证研究方法,为分类矫正寻找最佳证据,并思考将最佳证据运用于社区矫正实践的最优路径。

第二章

循证社区矫正概述

第一节　循证社会科学概述

循证研究方法最早来源于医学，推动医学模式由经验医学向循证医学转化。1992 年，加拿大学者 Gordon Guyatt 等在 JAMA 发表 *Evidence - based Medicine：A New Approach to Teaching the Practice of Medicine*[①]一文，标志着循证医学的正式诞生。循证医学最初意指医生“将当前所能获得的最佳研究证据与自身的专业技能及患者的价值观整合起来实施治疗”。“循证”研究就是从原始证据的生产、评价、推广、转化和执行、反馈的一套系统流程（如图 1 - 2 - 1 所示），目的是实现以证据为核心的决策，以提高决策的科学性。

① See *Evidence - based Medicine：A New Approach to Teaching the Practice of Medicine*, Evidence - based Medicine Working Group, p. 2420 - 2425(1992).

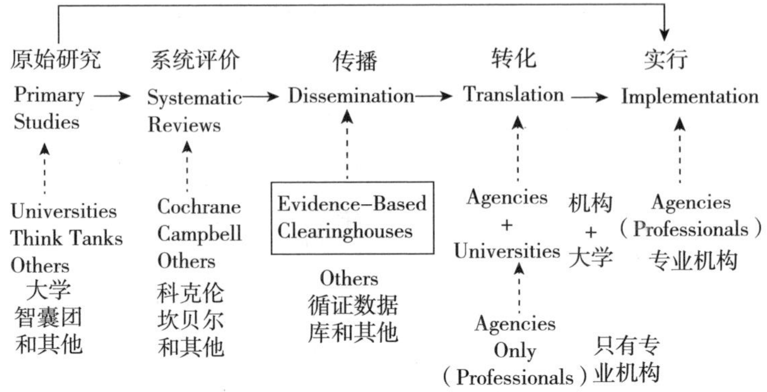

图 1－2－1 循证实践流程图①

证据是循证研究的核心基础，生产、评价和转化应用高质量证据是循证科学的重要任务。证据分为五个级别（如表 1－2－1 所示），从高到低依次为：建立在全部随机对照研究上的系统评价/元分析结果；单个大样本的随机对照研究结果；非随机的对照研究结果；无对照研究或观察性研究结果；专家意见、个案报告。其中，最高级别证据是指最具效度和信度，且与主题最相关的研究证据。②

表 1－2－1 五级证据分级评价体系

级别	内容
Ⅰ级 最高	建立在全部随机对照研究上的系统评价/元分析结果
Ⅱ级 高	单个大样本的随机对照研究结果

---

① 参见美国南加州大学齐铱教授在第一届“循证社会工作研究方法高级研修班”上的讲座内容。

② 参见罗杰、冷卫东主编：《系统评价/Meta 分析理论与实践》，军事医学科学出版社 2013 年版，前言。

续表

级别	内　　容
Ⅲ级　中	非随机的对照研究结果
Ⅳ级　低	无对照研究或观察性研究结果
Ⅴ级　最低	专家意见、个案报告

循证研究具有如下特点。

首先，循证研究是实证研究。循证实践，简言之，是一种以证据为本的实证研究。2008 年出版的《社会工作百科全书》第 20 版中，正式收录了“循证实践”词条。认为“循证实践是一种教育与实践范式，包括一系列旨在帮助实践者与管理人员识别、选择与执行对案主进行有效干预的预定步骤。[①] 循证实践（Evidence - Based Practice，EBP）是 20 世纪 90 年代受循证医学思想影响而产生的一种新的实践研究理念。循证实践模式是最好的证据、客户的价值观和期望、专业知识三者的组合，可以为实践提供决策。其拥有一套完整的组织实施模型，并能够对实施效果及时跟踪、有效评价。目前，美国、西欧等发达国家和地区已建立了以牛津大学 Corchrane 协作网和 Campbell 合作网为支持的科研智库系统，从原始证据的生产到系统评价（Systematic Review）再到证据的推广、转化和执行、反馈的一套系统流程，实现了以实践为核心的研究和决策体系，在社会科学领域应用广泛，收录了大量社会实践证据，被誉为是将社会实践研究科学

① 参见杨文登：《社会工作的循证实践：西方社会工作发展的新方向》，载《广州大学学报（社会科学版）》2014 年第 2 期，第 50 ~ 59 页。

化和标准化的重要工具。①

其次,循证研究是二次研究。循证科学倡导系统化的摄取原始研究成果,遵循证据为本的理念并将证据转化为实践决策,以此改善决策的质量和效果。因此,循证研究是通过对原始研究进行信度和效度评价之后,获得最佳证据并予以推广、转化和执行的过程。原始研究是一次研究,一般是学者针对某一问题所进行的小规模干预研究,其代表性低,只能作为初级证据,而循证研究是对原始研究的研究,属于二次研究,通过重叠的原始研究来计算效应的大小,其研究结果可以产生中、高级别证据。

被誉为社会科学第三次“科学化”浪潮的循证社会科学,就是在这样的背景下于20世纪90年代末随着循证医学的发展而逐渐兴起的一门交叉学科。循证社会科学可以被定义为:通过借鉴循证医学的理念、思想和方法在管理、教育、法律、社会工作等社会科学领域开展研究、科学决策和实践应用的新兴交叉学科。具体而言,就是针对社会科学各领域要解决的问题,基于当前可得的最佳证据,充分考虑服务对象的价值意愿和具体客观条件及环境因素,进行科学决策和实践。②

在社会科学中引入循证的概念和方法,目的在于:(1)提高决策的质量;(2)以需求为导向,鼓励研究/服务对象参与设计相关政策的制定;(3)使最佳证据能被最好地利用于社会实践,避开研究者的主观臆断;(4)保证研究过程的透明度和诚实性,最大限度地填补了研究和实践之间的差距。

---

① 参见童峰、庄世龙、张洪嘉:《社会科学实践研究的新方向:循证实践》,载《重庆工商大学学报(社会科学版)》2017年第4期,第83~84页。

② 参见杨克虎:《循证社会科学的产生、发展与未来》,载《图书与情报》2018年第3期,第2页。

利用循证医学的思想理念和科学方法确立循证社会科学的学科架构、完善循证社会科学的定义概念、构建循证社会科学研究的方法论体系,针对社会、教育、法律、管理等领域的问题开展研究,产出高质量的证据,不仅可为解决社会科学领域问题的决策提供科学依据、为实践提供科学指导,而且可以极大地推动社会科学的发展。因此,循证医学的理念、思想和方法就是循证社会科学发展的基础。①

第二节 循证社区矫正概述

循证实践思想来源于20世纪80年代兴起的循证理论,循证实践活动不仅能优化具体工作方式,也能为完善政策提供一条切实可行的路径。在社区矫正领域,循证实践方法能够生产并分享社区矫正干预所需要的高级别证据,避免决策拟定过程中受到非理性因素影响,帮助决策者建立起一种主观内省范式,使决策保持一种求真性,避免盲目乐观、思维定式、群体盲从等常见失误,减少不系统的经验和不当偏好的影响,提高决策科学性和客观性。

"社区矫正"本就是一个舶来词汇,国外在此方面的研究历史较长、成果较为丰硕、相对成熟,大体可分为以下几种类型:第一,以美国、加拿大和澳大利亚为代表的"公众保护模式"。该模式是指社区矫正的适用以保护公众安全为出发点,首先考虑

---

① 参见杨克虎:《循证社会科学的产生、发展与未来》,载《图书与情报》2018年第3期,第2页。

在社区矫正的适用及执行上都以公共安全为主,而不仅仅着眼于罪犯的重返社会。第二,以英国为代表的“刑罚模式”。该模式是指广泛适用社区矫正,让其融入刑罚体系中,但并不强调执行社区矫正是对出狱人的特别保护。第三,以日本为代表的“更生保护模式”。该模式是指其社区矫正制度除了本身存在的特点外,更加注重完善出狱人的保护救济措施。近年来,西方国家刑事司法领域一种名为“循证犯罪预防”(Evidence - Based Crime Prevention,EBCP)的研究方法比较盛行,并逐渐演化成一种国际趋势,被认为是现代科学精神对矫正实践领域的渗透,为罪犯改造工作带来了一场方法论革命。循证矫正的“最佳实践”源自加拿大,在过去10年间已经遍布北美地区,且从1999年以来,联合国毒品和犯罪问题办公室以及维和行动都运用最佳实践模式对监狱系统进行了改革。与此同时,学界的研究仍在如火如荼地进行:美国著名学者谢尔曼(Shcrman)等出版了专著《循证犯罪预防》,该评估与研究结果的方向和意义成为预防犯罪中有效方法的总结。利普西(Lipsey)与威尔逊(Wilson)针对严重暴力倾向青少年罪犯进行了循证社区矫正试验,通过对比研究后声称最好的矫正项目可以降低重新犯罪率40%。安德鲁斯(Andrews)与邦塔(Bonta)提出矫正有效的五项原则,这种循证实践的社区矫正研究成果被澳大利亚、新西兰等澳洲国家以及挪威、瑞典、丹麦等北欧国家司法实践部门接受,并成为国外刑罚执行制度研究的一大亮点。

我国对于循证实践方法的认识和运用是比较晚的,在法学领域,循证实践研究方法在2012年才被逐渐引入并被司法部推行,虽然立即被运用于法律犯罪学研究当中,但现有成果集中于具体循证矫正模式及方法运用,而循证实践对于社区矫正制度运行的优化作用远远没有被挖掘。如何从循证矫正实践中提炼、总结出一套科学的社区矫正制度实施策略，为《社区矫正法》的有效实施提供最佳证据，待条件成熟时进一步将循证实践方法推广至其他法治领域，成为一项值得研究的重要议题。

一、循证社区矫正的价值追求

循证矫正，本意是“基于证据的矫正”，是现代科学精神对矫正实践领域的渗透。其核心是遵循研究证据进行的矫正实践，强调矫正对象改造的科学性和有效性，实现矫正实践的效益最大化。基于循证实践的社区矫正蕴含着民主、求真、高效的价值追求，也与我国法治建设和社会治理改革预期目标不谋而合。

（一）追求民主，实现协同治理

循证矫正是循证研究者、矫正工作者、矫正对象和管理者共同演奏的“交响乐”，更能体现在社区矫正工作中国家公权与社区自治权二者的有机结合，更能最大程度确保社区矫正过程的民主，是对“党委领导，政府负责，社会协同，公民参与”的社会治理新格局和“社会治理共同体”理念之践行，进一步体现出“整体性治理”的新型社会治理模式。

（二）贯彻求真，尊重科学精神

随着科学技术的不断发展，它解决问题、改造世界的能力持续增强，遵循经验进行实践的传统实践形态受到科学的有力挑战，科学精神逐渐向实践领域渗透，要求重视科学证据、进行科学管理的呼声日益高涨，循证实践就是这样一种时代精神的产物。循证的基本含义就是“基于证据”，循证思维是指在处理问题的时候，本着“基于证据”这样的精神进行思考。它要求立法者走出“象牙塔”，走入科学实践当中，不再仅仅凭借个人经验和偏好,而是参考科学证据拟定法律制度,提升制度实施的针对性和有效性,循证实践是保证科学立法的必要条件,是规范制定的有力手段。

(三)追求高效,实现效益最大化

法的效率价值是指法能够使社会或者人们以较少或较小的投入以获得较多或者较大产出,以满足人们对效率的需要。基于循证实践而构建起来的社区矫正制度来源于循证矫正实践的客观总结,通过对罪犯进行不同矫正人群的划分,结合人口学特征、行刑类型及犯罪类型等分析矫正对象多样性的矫正需求,使社区矫正的差异化制度供给建立在差异性矫正需求的客观事实基础之上。循证矫正的过程本身就包含着对成功矫正证据的再运用和再更新,其历经反复的实践检验,最后这些证据被作为社区矫正的具体措施,在证据级别上比起专家意见和个人经验更具科学性和实效性。因此,通过循证实践方法在实施循证矫正的基础上,构建以《社区矫正法》为中心,系统性、多层次的制度实施方法、行为准则和基本原则,能够从多维度确保社区矫正制度的科学、合理、可控,实现“精准”矫正。

二、循证社区矫正研究的目的

一是丰富社区矫正和刑罚理论。循证社区矫正是罪犯矫正领域的一场方法论革命,循证社区矫正突破了原有的罪犯矫正研究范式,通过引入“循证实践”这一较为前沿的研究方法,尝试对社区矫正对象进行行为干预,通过实证研究为优化分类社区矫正措施寻找科学证据,引导罪犯矫正走出一条科学化、精细化的道路,以便丰富社区矫正和刑罚理论。

二是创新研究方法,为犯罪学和刑法学研究提供实证材料。

通过循证实践方法不仅可以为分类社区矫正提供科学证据，同时通过研究平台的打造，能够生成更多科学证据，充实相关证据库和数据库，丰富社区矫正研究资料，整合最优制度资源、实现信息共享，从而为犯罪学和刑法学理论提供丰富的实证材料。

三是完善我国非监禁刑刑罚执行制度，提高刑事执行效果。通过深入研究矫正对象的犯因性需求，结合实践者个人经验，遵循最佳研究证据，促进我国社区矫正管理模式由粗放式的管理向精细化的管理的转变；矫正方法的主观化向客观化、科学化的转化；矫正关系的对立化向和谐化转化，从而增加刑事执行效果。

四是满足社区矫正的特殊现实需求。我国社区矫正对象数量已有相当规模，并呈现出持续增长的趋势。该群体中大多数矫正对象通常处于社会的最底层，普遍具有严重的经济利益贫困性、生活质量低层次性以及承受能力脆弱性等特点，并具有不同的利益诉求，通过研究完善我国非监禁刑罚执行制度，可以满足社区矫正的特殊现实需求。

第三章

人口异质性对分类社区矫正的影响

一、社区矫正对象的人口异质性特征

“异质性”是与“同质性”相对的概念,同质性强调事物之间的无差别性,“异质性”则更多是强调个体间或者群体间的差异性,即不同的部分所产生的作用和影响是有区别的。[①] 具体到社区矫正人口而言,其异质性主要体现在以下方面。

(一)不同年龄属性构成了整个社区矫正对象的年龄结构特征

根据《社区矫正法》第 2 条之规定,对被判处管制、宣告缓刑、假释和暂予监外执行的罪犯,依法实行社区矫正。社区矫正制度以罪行轻微、主观恶性不大的初犯、过失犯罪人,职务犯罪人,以及未成年犯、老病残犯等类人员作为适用对象。其中,值得重点关注的群体之一是老年社区矫正对象。按照国际规定,60 周岁以上的人确定为老年;我国《老年人权益保障法》第 2 条

---

① 参见王加振:《流动人口的异质性对区域经济发展差距的影响研究——以山东省为例》,山东师范大学 2014 年硕士学位论文,第 3 页。

规定老年人的年龄起点标准也是 60 周岁,即凡年满 60 周岁的中华人民共和国公民都属于老年人。故本书将年满 60 周岁的社区矫正对象作为老年社区矫正对象。中共中央政治局《关于深化司法体制改革和工作机制改革若干问题的意见》提出:“探索建立对老年人犯罪适当从宽处理的法律机制,明确其条件、范围和程序。”为此,《刑法修正案(八)》设立了老年人犯罪刑事责任的特殊制度,包括一是明确规定老年人犯罪从宽处罚原则。《刑法修正案(八)》在《刑法》第 17 条后增加一款,规定:“已经年满七十五周岁的人故意犯罪的,可以从轻或者减轻处罚;过失犯罪的,应当从轻或者减轻处罚。”二是放宽对老年人犯罪的缓刑适用条件。原《刑法》条文并无对老年人犯罪适用缓刑的特殊规定,《刑法修正案(八)》将《刑法》第 72 条修改为:“对于判处拘役、三年以下有期徒刑的犯罪分子,同时符合下列条件的,可以宣告缓刑,对其中不满十八周岁的人,怀孕的妇女和已满七十五周岁的人,应当宣告缓刑:(一)犯罪情节较轻;(二)有悔罪表现;(三)没有再犯罪的危险;(四)宣告缓刑对所居住社区没有重大不良影响。”《刑法修正案(八)》的规定,构成了我国老年人犯罪刑事责任制度,同时明确规定老年人犯罪从宽处罚原则以及放宽对老年人犯罪的缓刑适用条件,这也使得对老年犯罪分子适用社区矫正的机会增加。此外,《刑事诉讼法》第 265 条作了明确规定,对被判处有期徒刑或者拘役的罪犯,“有严重疾病需保外就医”或者“罪犯生活不能自理,适用暂予监外执行不致危害社会”的,可以暂予监外执行。基于老年人适应能力渐进性退化的客观规律,老年犯罪分子容易受自身基础疾病的影响,适用暂予监外执行的概率也较大。上述原因使老年社区矫正对象成为不可忽视的群体。

值得重点关注的群体之二是青少年社区矫正对象，特别是其中的未成年社区矫正对象。根据世界卫生组织确定的年龄分段，年轻人的年龄范围为 10 ~ 24 岁，青年为 15 ~ 24 岁，青少年为 10 ~ 19 岁。联合国大会也将“青年”定义为年龄介于 15 岁至 24 岁之间（含 15 岁和 24 岁）的那些人。由于《刑法修正案（十一）》对《刑法》中关于低龄未成年人实施犯罪行为应当负刑事责任的年龄进行了修改，规定年满 18 岁为成年人，年满 12 岁需负刑事责任。这就意味着 12 岁以下的人不需要负刑事责任，不适用社区矫正。故本书将 12 ~ 24 岁（含 12 岁和 24 岁）的社区矫正对象作为青少年社区矫正对象，将其中 12 ~ 18 岁（含 12 岁）的社区矫正对象作为未成年社区矫正对象。

近年来，未成年人犯罪已经成为全球性的“社会痼疾”。以四川省为例，目前未成年人犯罪呈现出如下特点：第一，犯罪低龄化趋势。犯罪年龄主要集中于 13 ~ 15 周岁，部分未成年主犯、技术人员、骨干因未达刑事责任年龄而被释放后，再次犯罪的人人身危险性极大。第二，团伙犯罪特征明显，与成年人共同作案居多。据统计，四川省人民检察院在 2013 年至 2015 年，未成年人共同犯罪案件数在受理提请批准逮捕的未成年人犯罪案件中，占比已高达77.8%，而其中与成年人共同作案的犯罪案件数占比更是达到了 71.4%。第三，根据对四川省人民检察院 2013 年至 2015 年受理的未成年人犯罪案件的统计表明，未成年人犯罪多以侵犯财产型为主，多数犯罪是有准备的预谋犯罪，且具有连续性，这类案件占比达到 54.54%，连续 3 次以上实施盗窃、抢劫的犯罪人数，占侵财类犯罪人数的 62.5%。第四，暴力犯罪占比偏高，多为偶发犯罪且不计后果，据统计，四川省人民检察院 2013 年至 2015 年受理的未成年人犯罪案件中，暴力型案件占比高达81.81%。[①] 未成年人犯罪呈现出低龄化、集团化、甚至暴力化等特点。而《刑法修正案(八)》第11条对《刑法》第72条的修改,同样扩大了未成年人适用缓刑的条件,使得未成年人成为社区矫正适用的另一大群体。《社区矫正法》设专章对未成年人社区矫正工作作出特别规定,实施及时有效的教育帮扶措施,预防、减少未成年社区矫正对象再次犯罪。

(二)不同性别属性构成了整个社区矫正对象的性别结构特征

《英汉妇女与法律词汇释义》将社会性别界定为:"'社会性别'一词用来指社会文化形成的对男女差异的理解,以及在社会文化中形成的属于女性或男性的群体特征和行为方式。尽管将社会性别和生物性别截然区分开来是困难的,但是概念上的区分却很有价值。社会性别的概念能够清楚地表明,关于性别的成见和对性别差异的社会认识,绝不是作为一种社会构成,它是可以被改变乃至被消除的。"社会性别的差异导致女性社区矫正对象与男性社区矫正对象之间存在差异化需求,引发社会对女性罪犯社区矫正问题的关注。近年来,随着女性社会地位的提高,女性往往有着多种职业角色和社会角色,部分女性因为法律意识淡薄,越过法律的底线,走入犯罪的深渊。我国女性社区矫正对象虽然总体人数不多,所占比例不高,但呈现逐渐上升的趋势。其中,中青年年龄段的女性社区矫正对象占比较大,未成年女性社区矫正对象所占比例上升趋势越加明显。女性社区矫正对象文化程度普遍偏低,大部分没有稳定的职业,收入水平极为有限。女性社区矫正对象的犯罪类型以财产型犯罪和依附

---

① 数据来源于《2017年四川未检动态》,通过笔者实地调研获取。

性犯罪为主,因追求奢侈的物质生活而导致的犯罪和与因反抗而产生的被动性犯罪较多。此外,在家庭方面,因与家人关系不和谐,经常发生严重冲突,女性社区矫正对象的犯罪对象往往是与自己较亲近的亲人、朋友,但也呈现犯罪对象范围的扩大化。由于女性情感细腻,心理承受能力较差,自我控制能力较弱,因而激情犯罪比重较大,但预谋性犯罪的比重也逐渐增加。虽然女性社区矫正对象在整个社区矫正对象中所占比重不高,但由于男性及女性社区矫正对象之间有着显著的人口统计学差异,对女性社区矫正对象的特征和需求进行研究进而实施精准矫正,不仅直接关系到社区矫正工作的顺利开展,也有利于实现对妇女这一特殊群体的权益保障。故,本书认为女性社区矫正对象是第三个值得重点关注的群体。

二、人口异质性对分类社区矫正的影响

《社区矫正法》第 1 条规定,为了推进和规范社区矫正工作,保障刑事判决、刑事裁定和暂予监外执行决定的正确执行,提高教育矫正质量,促进社区矫正对象顺利融入社会,预防和减少犯罪,根据宪法,制定本法。故,"(再)社会化"与"降低再犯率"一直被认为是社区矫正的两大基本目标。此外,社区矫正对象因社会性别和年龄层次的不同,其矫正的需求也存在差异。除"(再)社会化"与"降低再犯率"这两大基本目标之外,因受人口异质性的影响,应为不同的社区矫正对象群体确立不同的重点矫正目标。

(一)老年社区矫正对象的矫正目标

1. 老年社区矫正对象的双重身份特征

老年社区矫正对象同时具有老龄社会老年公民和社区矫正

对象的双重身份。中华民族素有“尊老”良好传统，当代社会也弘扬“尊老、敬老、爱老、养老”的美德与风尚。相对于监禁矫正对象而言，老年社区矫正对象可以在自己生活的社区中服刑，享有一定的自由，但同时必须服从于报告、会客、外出、迁居、保外就医等社区矫正监督管理规定，服从社区矫正机构的管理，其社区矫正对象的身份特征无法被忽视。两种身份的同时存在，可能会使老年社区矫正对象无法正确定位自身角色，这种角色定位的偏差往往会导致其心理状况失衡，产生自卑、抑郁等消极情绪。

2. 老年社区矫正对象的重点矫正目标：社会融入

随着年龄的增长，老年人的生理机能日渐衰退，感官功能逐渐下降，其再犯率低于其他社区矫正对象。但老年社区矫正对象面临的突出问题是：带着“标签”的老年罪犯如何重新融入社会。大部分老年社区矫正对象在“入矫”后，其社交范围会逐渐变窄，失去社交极易产生孤独感和隔离感，敏感多疑、自卑自责，有些甚至暴躁易怒，容易与他人发生冲突。这对于老年社区矫正对象的身心健康和人际关系维护都是十分不利的。通过对老年社区矫正对象的人口学特征和双重身份特征两方面因素的分析，发现老年社区矫正对象的自我效能感普遍较低，个人关注点多放在问题和困境方面，对自身持否定态度，在社会融入的过程中个人优势和潜能得不到充分发挥。

（二）青少年社区矫正对象的矫正目标

1. 青少年社区矫正对象的双重身份特征

本书中的青少年社区矫正对象是指 12～24 岁（含 12 岁和 24 岁）的社区矫正对象。青少年时期是从儿童向成人的过渡阶段，是生理、心理快速发展时期。青少年时期是自我意识发展的第二个飞跃期,这个时期的青少年认识水平、情感体验和自我调控能力都有了飞速的发展,理想、信念、世界观、人生观、价值观也逐渐定型,开始形成独立人格,这为他们走向社会奠定了基础;在社会系统中,青少年开始了解、接纳和掌握更多的行为规范、价值标准、社会角色,从个人的微观系统走向社会的宏观系统,并且试图在社会系统中定位自己,逐步成为一个真正的社会人。

2. 青少年社区矫正对象的重点矫正目标:重塑正确认知、社会化

未成年人犯罪呈现出的低龄化、集团化、甚至暴力化等特点映射出涉罪未成年人在认知、情感及意志等方面的不良心理状态甚至是反社会人格。第一,认知存在片面性与不彻底性,例如,大多数涉罪未成年人是中、小学辍学者,心智不成熟、社会阅历浅。第二,依附性及“相群性”强且行为盲目,意志力薄弱,易受不良因素影响,特别容易受到外界诱因驱使而激发犯意或是源于好奇而模仿与遵从。第三,情感波动较大,自控能力偏低,多数暴力案件作案动机简单,犯罪手段残忍且不计后果。第四,性格不够完善、人际关系不够恰当、家庭关系不和谐导致反社会倾向。同时,由于经历高压、紧张、强制的刑事司法活动,在社区服刑的未成年人往往还会出现恐慌、抑郁等心理问题。针对未成年社区矫正对象的矫正目标是,通过实施专业的法治教育和心理治疗,帮助其树立正确的世界观、人生观、价值观,重塑正确认知、增强内在潜能,纠正行为偏差,避免未成年矫正对象重新违法犯罪。同时,帮助其修复社会关系,并确保其在社区矫正期满后可以顺利地回归社会。

（三）女性社区矫正对象的矫正目标

1. 女性社区矫正对象的"双重"弱势性

女性社区矫正对象不同于男性社区矫正对象，主要原因来源于女性与男性的生物学差异。女性社区矫正对象的再就业率比男性要低。由于男女之间的生理差别，男性可以从事更多的重体力劳动和一些劳动强度大的工作，而女性更适合需要细心的工作。在生理特征上，女性具有特殊性，例如，在月经期和更年期期间，情绪不稳定，更容易产生波动。另外，女性在妊娠期间心理和生理更是承受巨大的改变与压力，更加需要心理上的关怀和身体上的照顾。在心理特征上，女性天生在情感方面就比男性丰富，心思更加敏感，感情更为细腻，心理承受能力更为脆弱。基于女性在其生理上和心理上的柔弱性和脆弱性，女性社区矫正对象心理承受能力、危机化解能力及就业能力普遍低于男性。女性本就属于社会角色中的弱势群体，再加上"罪犯"的标签，女性社区矫正对象就属于"双重"弱势群体，即弱势群体中的弱势群体。

2. 女性社区矫正对象的重点矫正目标：提升社会适应能力

近年来，女性社区矫正对象财产型犯罪的比重不断上升。而大部分的女性社区矫正对象自身文化水平较低，受教育程度在高中及以下占50%以上。[①] 受教育程度普遍较低导致女性社区矫正对象在犯罪前没有稳定的工作，犯罪后，由于"罪犯"这一特殊身份，更难获得工作机会。实践中，大多数聘用女性从事的职业，诸如文秘、行政等往往对于有过犯罪前科的人员充满歧

---

① 参见曹颖：《女性社区矫正对象社会支持网模式研究》，载《犯罪与改造研究》2017 第 3 期，第 47 ~51 页。

视,这种歧视不只针对其以往的犯罪行为,也在于对女性整体素质的不信任。换言之,既歧视她们曾经是犯罪人,又歧视她们是女性。双重歧视导致女性比男性更难融入社会,甚至连基本的生活也无法保障。

女性社区矫正对象也存在精神上的需求。她们敏感、易自我怀疑,渴望来自家人、朋友、社会的关心和爱护。“女性社区矫正对象”这一身份使她们产生自卑的心理,羞愧于与他人交流,但又渴望与他人进行交往,渴望社会的关爱,这种矛盾的心理给其带来精神上的折磨。对于上述双重歧视,女性也不太容易消化或排解,反而衍变出排斥社会的心理,逐渐远离社会。

为此,针对女性社区矫正对象的重点矫正目标是:通过心理干预帮助其发现自身优势,通过教育培训帮助其获得职业技能,通过社工介入帮助其修复人际关系,以达到提升社会适应能力,成功融入社会的目标。

第二部分　方　法　篇

第四章

循证实践方法

循证矫正遵循循证实践的基本原理与实践框架，强调基于科学研究的结果，并从可获得的研究证据中形成最佳实践。循证实践，简言之，是一种以证据为本的实证研究。循证实践的过程不仅包括获得证据的过程，还包括证据推广及运用的过程。

第一节 证据的获得及运用

本书第二章第一节介绍了"五级证据分级评价体系"，其中最高证据级别为：系统评价结果。可知，系统评价（systematic review）是产生最佳证据的循证工具。系统评价可被定义为"针对某一具体问题的所有相关研究，运用限制偏倚的策略进行严格评价和综合"。具体而言，系统评价是针对某一具体问题，系统、全面地收集所有已经发表或未发表的研究，采用信度评价方法对研究进行严格的评价，筛选出符合纳入标准的研究，进行定性或定量(Meta 分析)合成,从而得出可靠结论的研究方法。[①]

系统评价和 Meta 分析均被公认为最好的二次研究方法。Meta 分析(Meta – analysis)由格拉斯(Glass)1976 年首次命名,是指为达到整合研究结果的目的,收集大量单独研究的分析结果进行的定量统计分析。因此,系统评价与 Meta 分析的关系是:(1)系统评价并非要对纳入的研究进行统计学合并(Meta 分析)。(2)是否进行 Meta 分析主要根据纳入的研究是否具有足够的相似性。(3)当系统评价用定量合成的方法对资料进行了统计学处理时称为 Meta 分析。故 Meta 分析是系统评价的一种,但系统评价不一定都是 Meta 分析,系统评价可以是定量的,也可以是定性的。(4)包含有对同质性的多个研究进行 Meta 分析的系统评价称为定量系统评价(quantitativc systcmatic rc-view)。(5)若纳入研究因同质性不足而无法进行 Meta 分析,仅进行描述性分析的系统评价称为定性系统评价(qualitative systematic review)即未采用 Meta 分析。[②]

系统评价的研究过程包括提出问题、检索和筛选文献、质量评价、数据分析合成、研究结果讨论、证据的运用及推广。

一、提出问题并明确研究主题

在开始进行系统评价之前应有明确的研究目的,也即当前实践中尚未解决的、需要密切关注的问题。

一个完整的研究主题(干预性问题)应具备四个要素

① 参见罗杰、冷卫东主编:《系统评价/Meta 分析理论与实践》,军事医学科学出版社 2013 年版,第 5 页。

② 参见罗杰、冷卫东主编:《系统评价/Meta 分析理论与实践》,军事医学科学出版社 2013 年版,第 6 页。

(PICOS):(1)涉及什么样的对象(Participants);(2)涉及何种干预措施(Intervention);(3)涉及何种比较方法(Comparisons);(4)判断(结局)指标(Outcome);(5)纳入研究类型(Study design)。

二、文献检索与筛选

系统评价究其本质属于二次研究,其研究资料来源于原始研究。针对原始研究的文献检索是整个系统评价过程中重要的一步,系统评价质量的高低取决于收集到的原始文献的全面程度及其质量。

(一)关键词及检索式的确定

信息检索系统是根据特定的信息需求而建立起来的一种有关信息收集、加工、存储和检索的服务工作系统。可分为手动检索系统和计算机检索系统。当前科研工作中使用频率最高的是计算机检索系统,下面重点介绍如何使用计算机系统进行文献检索与筛选。

文献检索过程中,首先要确定关键词。关键词是用能表达文献主题并经过严格规范化处理的词语,又称主题词,其具有概念性、描述性、组配性。文献检索采用信息检索技术,应确定检索逻辑表达式。检索逻辑表达式由检索词和布尔逻辑算符、位置算符以及其他组配链接符号组成。若需要扩大检索范围,即目标文献是检索记录中凡含有检索词 A 或检索词 B 的内容,或同时含有检索词 A 和 B 的内容,则使用"或"逻辑,用符号"or""+"表示;若需要缩小检索范围,即目标文献是检索记录中既有检索词 A 又含有检索词 B 的内容,换言之,检索记录中同时含有检索词 A 和 B 的内容,则使用"与"逻辑,用符号"and"

“＊”表示；若目标文献为检索记录中含有检索词 A 但不含有检索词 B 的文献，则使用“非”逻辑，用符号“not”“－”表示。当检索关键词较多时，也可使用嵌套检索（优先检索）以提高效率。嵌套检索类似四则运算，优先考虑括号里的算式。使用括号将优先检索的检索式括起来，系统会首先检索括号中的概念。例如，在（社区矫正对象 OR 社区服刑人员）AND 再犯率这个检索式中，系统会首先检索（社区矫正对象 OR 社区服刑人员），然后再将结果与再犯率匹配。

检索要领是为实现检索结果的全面和准确，主要通过查全率、查准率两个指标来进行评价。查全率是指系统进行检索时，检出的相关文献量与系统文献库中相关文献总量的比率。提高查全率的方法有：尽量采取主题词与关键词相结合进行检索；主题词检索时使用扩展检索和全部副主题词；分类检索时进行扩展检索和全部复分检索；删除某个不甚重要的概念组面，减少 AND 运用；多用同义词进行“OR”运算；采用截词检索等。查准率是指系统中检出的相关文献量与检出的文献总量的比率。提高查准率的方法有：采用规范化的主题词与副主题词组配进行检索，少用或不用自由词；采用限定主要概念主题词字段的加权方式检索；增加概念组面，用 AND 运算符进行连接；用 NOT 运算符排除无关概念；限制检索字段，如文献类型、语种等；运用位置算符等。

（二）数据库的选择

所谓数据库是指长期存储在计算机内有组织的可共享的相关数据的集合，可以通过特定的计算机程序对数据库的建立、运用和维护进行统一的控制和管理，使用者可以通过对数据的访问来获取所需信息。而文献数据库是指一种能直接提供文献线索和文献原文的数据库。包括目录型数据库和全文型数据库。

系统评价需要进行高质量的文献检索，全面而系统的检索主要通过计算机检索或称电子检索，因此数据库的选择需要合理而全面。目前循证医学常用数据库包括 Cochrane、PubMed、EMBASE、OVID 等。循证社会科学的常用数据库推荐：中文社会科学引文索引（CSSCI）、中国知网（CNKI）、万方、维普等中文数据库，以及 Web of Science、SSCI、EBSCO、ProQuest 等英文数据库。

（三）文献的纳入与排除

文献的纳入与排除的标准主要包括原始研究所常用的研究类型、干预措施、结局指标、研究所使用的语种等。下面主要介绍原始研究所常用的研究类型、干预措施和结局指标。

根据是否有人为的干预，将原始研究所常用的研究类型分为试验性研究（experimental study）、观察性研究（observational study，非试验性研究）和定性（质性）研究（如专家意见）三大类。试验性研究根据是否对研究对象进行随机分配又可以进一步分为非随机对照试验（non - randomized controlled trial）、半随机对照试验（quasi - RCT）和随机对照试验（Randomized Controlled Trial, RCT）①。观察性研究根据是否设立比较组，可分为分析性研究（如队列研究）和描述性研究（如横断面研究、个

① 随机对照试验是指采用随机分配的方法，将符合要求的研究对象分别分配到试验组与对照组，然后接受相应的人为干预措施，在一定条件下或相同环境里，同步进行研究和观察试验效应，并采用客观的、公认的效应指标对试验结果进行测量和评价的试验设计；非随机对照试验是指采用非随机分组的方法进行的试验性研究。参见罗杰、冷卫东主编：《系统评价/Meta 分析理论与实践》，军事医学科学出版社 2013 年版，第 28 页。

案或病例系列报告)。一般来说,试验性研究的证据效力高于观察性研究,后者又高于定性(质性)研究。

就干预措施而言,应限制纳入原始研究的干预措施数量,若纳入原始研究的干预措施多个,则表明变量非唯一,难以判断单个变量的效用。虽然纳入原始研究的干预措施受到限制,但其对照方式可以有多种形式。试验组与对照组除了干预措施不同,其他的处理措施应保持一致。

结局指标应当是在广泛阅读相关文献以及实践经验的基础上确立。结局指标分为主要指标和次要指标。前者为最常用的、足以敏感反映主要干预效果变化的指标,也是分析结果时的主要参考指标。次要指标是指与主要指标连带相关的有一定社会意义的其他指标。

文献的纳入须根据已制定的纳入与排除标准,由至少两位研究者独立进行。通过对检出文献的标题、摘要及全文依次阅读,可逐步排除一些不相关的文献,而对可能纳入的文献,务必在阅读全文时重视其材料与方法部分的评判。两位研究者在确定是否纳入的意见上不一致时,需分析原因,并与第三位研究者进行讨论。①

三、偏倚风险和方法学质量的评价

系统评价是对原始研究进行的二次研究,其质量当然受到原始研究质量的影响。若纳入的原始研究质量低,且系统评价研究者未对原始研究的偏倚风险和方法学质量进行正确评价,

---

① 参见南京理工大学拜争刚教授在第一届“循证社会工作研究方法高级研修班”上的讲座内容。

将对系统评价结论的质量以及可信程度产生较大的影响。因此，对系统评价纳入的原始研究质量进行严格评价尤为重要，应将其作为系统评价研究中的一个关键环节。原始研究的质量评价工具主要有单个评价条目、清单和量表，主要从研究设计、实施、结果等对原始研究的整个分析过程可能出现的偏倚风险（bias，指由于方法学的缺陷导致的试验结果与真实值之间的差异）进行评价。[①]

（一）随机对照试验的质量评价工具

随机对照试验是试验性研究中的“金标准”，该领域最早出现质量评价工具，目前主要使用 Cochrane 手册进行偏倚风险评估。Cochrane Handbook 5.1.0 中的风险评估工具测评六个方面：选择偏移（是否按随机序列和分配隐藏进行选择）、实施偏移（是否按盲法进行施测）、测量偏移（是否按盲法进行测量）、数据偏移（数据是否完整）、发表偏移（分析是否全面）、其他偏移。均采用 0 ~ 2 级计分，回答“否”为高度偏移风险，计 0 分；回答“不清楚”为偏移风险不确定，计 1 分；回答“是”为低度偏移风险，计 2 分。依照以上 6 个方面评价研究整体，并基于各项得分将研究质量从高到低分为 3 个等级：总分 9 ~ 12 分为低度偏移（高质量研究）；总分 5 ~ 8 分为中度偏移（中等质量研究）；总分 0 ~ 4 分为高度偏移（低质量研究）。

（二）观察性研究的质量评价工具

观察性研究是相对于试验性研究而言的，指研究者不对被观察者的暴露情况加以限制，通过现场调查分析的方法，客观地

---

① 参见曾宪涛、包翠萍、曹世义等：《Meta 分析系列之三：随机对照试验的质量评价工具》，载《中国循证心血管医学杂志》2012 年第 3 期，第 183 ~ 185 页。

记录某些现象的现状及相关特征,进行流行病学研究,主要用途是描述疾病或健康状况在人群中的分布,探索和检验疾病与暴露之间的因果关联。观察性研究的质量评价主要工具是STROBE(Strengthening The Reporting of Observational Studies in Epidemiology,加强观察性流行病学研究报告的质量)声明。STROBE声明由一个国际性合作小组共同起草,主要目的是为观察性研究论文提供报告规范,从而改进这类研究报告的质量。由于观察性研究常包含数种研究设计和诸多的主题,因此制定小组把STROBE声明建议限定在3种研究设计(队列研究、病例对照研究和横断面研究),并制定成一种通用的格式。STROBE声明针对文题和摘要、背景和合理性、研究目标、研究设计、研究现场、研究对象、研究变量、资料来源与评估、偏倚、样本量、定量指标、统计学方法、描述性资料、结局资料、主要结果、局限性、可推广性等22个参考因素设计了条目,作为评价标准。①

（三）定性研究的质量评价工具

定性研究的质量评价工具主要采用CASP清单。CASP(Critical Appraisal Skills Programme)于1993年在英国牛津大学成立,由NHS专项基金资助,旨在倡导运用循证的方法来阅读论文,以真正服务于医疗卫生健康及社会保健研究,并制作了用来评价研究质量CASP清单。CASP的定性研究清单由10个筛选问题构成,包括研究目的(是否清楚研究的目的)、研究方法(应用定性研究的方法是否恰当)、研究设计(是否适合于解决

---

① 参见四川外国语大学童峰副教授在第一届“循证社会工作研究方法高级研修班”上的讲座内容。

研究目的)、抽样(研究对象的招募策略是否恰当)、资料收集(能否解决研究问题)、研究者反思(是否反思了研究中可能存在的不足)、伦理学问题(是否充分考虑了伦理学问题)、资料分析(资料分析是否足够严谨)、研究结果(是否清楚了介绍研究结果)、研究价值(研究有多大价值),每个问题后面留有足够的空间便于回答和解释,并且对每一条标准都作了注释,适合于初学者使用。①

四、数据分析合成

数据分析和合成是系统评价的重要环节。定量合成主要是运用 Meta 分析将多个研究中相同变量的结果合并。其中,数据的提取是对结果指标进行量化分析的基础工作,数据提取需要适用数据提取专用表。提取结果数据时会遇到多种情况,原则上应能详尽而准确地反映原始资料情况,特别是原文作者已经进行了统计分析时,应记录其分析结果,如 95% 可信区间、假设检验的统计量及其对应的 P 值等。数据合并主要有 RevMan、Stata、Comprehensive Meta Analysis 等统计软件。Cochrane 协作网推荐使用 RevMan 软件。Meta 分析所使用的统计模型主要分为固定效应模型和随机效应模型。大体而言,主要根据研究间异质性情况进行选择是使用固定效应模型还是随机效应模型。当研究间异质性较好时,选择固定效应模型;反之,选择随机效应模型。② 二分类变量多采用相对危险度(Relative Risk,

---

① 参见四川外国语大学童峰副教授在第一届“循证社会工作研究方法高级研修班”上的讲座内容。

② 参见罗杰、冷卫东主编:《系统评价/Meta 分析理论与实践》,军事医学科学出版社 2013 年版,第 119 页。

RR)、比值比(Odds Ratio,OR)和危险度差值(Risk Difference,RD)等作为合并统计量,连续性变量合并连续性数据时,多采用加权均数差(Weighted Mean Difference,WMD)和标准化均数差(Standard Mean Difference,SMD)作为合并统计量。

定性合成目的是合成研究中的论点以提出新的学说或者概念。需要首先对纳入的研究进行信息提取,综合各研究之间的观点,提出描述性或者分析性的主题。

五、研究结果讨论

此部分主要是总结分析通过系统评价所获得证据的强度以及证据的适用性,并指出研究的局限。

六、证据的运用及推广

此部分主要是将通过系统评价产生的高级别证据予以推广和科学实施,将有效的干预措施与实际情况相结合解决具体问题,以提高服务对象决策的质量。目前重点从基于实践的研究模式、服务提供的技术支持、项目执行的政策环境等方面研究如何促进证据的推广使用。

第二节　系统评价框架

如前所述,系统评价是针对某一具体问题,系统、全面地收集所有已经发表或未发表的研究,采用信度评价方法对研究进行严格的评价,筛选出符合纳入标准的研究,进行定性或定量(Meta 分析)合成,从而得出可靠结论的二次研究方法。系统评价的研究过程包括提出问题、检索和筛选文献、质量评价、数据分析合成、研究结果讨论、证据的运用及推广。

综上所述，一篇完整的系统评价框架大概包括如下部分：

标　　题

摘要

关键词

背景

文献综述

1. 对象与方法

1.1　检索策略

（包括数据库、检索词、检索式）

1.2　纳入与排除标准

纳入标准

排除标准

1.3　研究的质量评价

（不同类型的文章要使用不同的质量评价体系，打分的标准）

2. 结果

2.1　纳入过程

（含纳入过程图）

2.2　纳入研究情况

（一共纳入多少篇文章，分别是什么类型的研究：随机对照实验？描述性研究？质性研究？）

2.3　纳入文献的质量分析（信度分析）

（哪些文章是高质量？哪些是中等质量？哪些是低等质量？）

2.4　效果分析(效度分析)

(哪些干预措施有效? 在标题确定的干预措施项下,哪些子措施效果最好?)

3. 讨论

(本次研究的局限,下一步研究的打算)

4. 思考

(循证的结果如何转化、实践及推广?)

第五章

循证实践方法运用于分类社区矫正的程序

分类社区矫正倡导因人施“教”,“精准”矫正的理念,分别制定适用于不同矫正群体的科学矫正方式,在矫正犯罪分子犯罪心理和行为恶习的同时,保障矫正对象多维度的共性需求和差异化的个体需求,避免理论关注与实践问题脱节。循证实践研究方法能为社区矫正提供最佳证据,实现精确识别、精确矫正、精准管理,最终达到分类矫正的目标。基于循证实践的分类社区矫正是对循证矫正司法实践的总结与提炼,其程序可大概分为以下几步:

第一阶段:制订计划。

政策决策者、证据研究者、证据实施者、证据接受者共同筛选当前社区矫正中需要解决的重大问题和研究热点。根据PICO模型①或 SPIDER 模型②建构研究问题、形成研究构思。

---

① PICO 模型:P(Population/Problem)指特定的人群/问题;(Intervention/Exposure)指干预措施或者是暴露的危险因素;C(Comparison/Control)指对照组比较的干预措施;O(Outcome)指结果。

② SPIDER 模型:S(Sample)指研究对象、PI(Phenomenon of Interest)指具备的特征、D(Design)指具体研究设计、E(Evaluation)指评价、R(Research Type)指纳入的研究类型。

第二阶段:循证干预准备。

针对重大问题和研究热点开展二次研究。研究小组成员包括证据实施者、教育者、证据接受者,二次研究的类型为撰写系统评价,其目的是使用评价结果获取最佳证据,设计干预措施。

第一,确定参与者:循证研究者、社区矫正机构工作人员、司法行政机关工作人员、相关社会团体和民间组织、志愿者、社区矫正对象(罪犯),等等。

第二,通过评估现有的社区矫正措施发现问题:社区矫正在我国实施以来,各地区普遍存在着管理模式的粗放化、矫正措施的本位化、矫正方法的主观化等问题,只有通过调研才能详细分析我国社区矫正工作中存在的不足,并找出问题的症结,为下一步工作奠定基础。

第三,对我国社区矫正人群进行分类:可运用 Level of Service Inventory – Revised(LSI – R)危险评估工具,将矫正对象按犯罪史,接受教育、就业情况,经济状况,住宿情况,性别、年龄、家庭关系、婚姻情况,业余时间安排、娱乐,交友,使用毒品问题,情感,态度、人生目标等多个危险标准,结合管制、假释、缓刑、暂予监外执行、剥夺政治权利等行刑类型和逐利类、纠纷解决类、事故类等犯罪类型等对其进行分类,并对其进行社会危害性及再犯性风险评估。

第四,了解矫正需求。基于循证实践的分类社区矫正必须以矫正对象的合理需求为导向,以大量初步的调查和分析工作为基础,切忌凭想当然盲目制订矫正方案。在实践中了解犯罪人的矫正需求可以采取问卷分析方法来获取有针对性的指标,具体办法为:

制作问卷:可在 Estabrooks(1998)和 Johnston(2003)的问卷基础上结合调研总结,采用 Likert 五点量表进行设计。根据小范围的调查结果,通过二次统计分析,将一些不合理或者不便判断的问题剔除,再根据访谈的情况,补充一些问题,最终形成一个结构合理、重点突出的调查问卷。这样得出的调查指标将具有较强的针对性、科学性和预测性。①

问卷发放与收集:在选取的调研地区,通过配额抽样的方式对矫正对象进行问卷调查。

问卷分析:可借助统计手段,例如,运用 Revman 软件对数据进行描述性统计分析,检测问卷信度与效度。

第三阶段:实施循证矫正干预。

通过问卷确定不同矫正人群中存在哪些共同需求和差异需求以此作出决策(分类矫正措施);并对干预组中不同矫正群体实施相应干预,比较对比组(控制组),评估循证矫正措施干预的有效性;运用多元综合的评估范式对过程和净结果进行影响评估,及时调整决策,修改决策。

第四阶段:最佳证据分享。

循证实践强调最佳证据的使用。最佳证据的产生应由相关专家、证据实施者、教育者、证据接受者共同评价研究结果的真实性、可靠性、可推广性及证据适用性,其后推广应用高质量研究证据。

在此基础上,为继续支持相关研究,应进一步打造研究平台,生成更多科学证据,构建"中国循证社区矫正干预措施"证

---

① 参见陈珊、姜玉梅:《如何设计员工满意度调查》,载《中国劳动》2011 年第 4 期,第 48 ~49 页。

据库,整合多个地区循证矫正干预措施后获得的证据和经过科学与实践检验的社区矫正方案;逐步构建大数据网络,推广有效的矫正措施,为基层社区矫正工作提供参考。

第六章

循证社区矫正系统评价示例

从本书此前的论证中已知，针对同样一个研究主题，包含有对同质性的多个研究进行 Meta 分析的系统评价称为定量系统评价（Quantitative Systematic Review）；若纳入研究因同质性不足而无法进行 Meta 分析，仅进行描述性分析的系统评价称为定性系统评价（Qualitative Systematic Review），即未采用 Meta 分析。①

在研究方法上，定量系统评价与定性系统评价，具有以下区别（见表 2－6－1②）。定量研究侧重于对某干预措施的效果进行评价；质性研究通过观察法、个人访谈、焦点组讨论以及参与性研究等方法，目的是从研究对象的角度去了解、解释如行为、观点、态度和经验等现象。定量研究可采用 PICO 模型构建研究框架：P（Population/Problem）指特定的人群/问题、I（Interven-

---

① 参见罗杰、冷卫东主编：《系统评价/Meta 分析理论与实践》，军事医学科学出版社 2013 年版，第 6 页。

② 参见南京理工大学拜争刚教授在第一届“循证社会工作研究方法高级研修班”上的讲座内容。

tion/Exposure）指干预措施或者是暴露的危险因素、C（Comparison/Control）指对照组比较的干预措施、O（Outcome）为结果。定性研究可采用 SPIDER 模型构建研究框架：S（Sample）指研究对象、PI（Phenomenon of Interest）指具备的特征、D（Design）指具体研究设计、E（Evaluation）指评价、R（Research Type）指纳入的研究类型。

表 2－6－1　定量系统评价与定性系统评价比较

内容	定量系统评价	定性系统评价
研究问题	干预措施的利与弊、诊断方法的准确性	个人的需求、观点、态度、经验等
构建问题及制定纳入与排除标准	推荐 PICO 模型	推荐 SPIDER 模型
文献检索	建议检索 MEDLINE、EMbase、CBM、CNKI、The Cochrane、Library	还应额外检索 CINAHL 与 PsycINFO
证据合成	Meta 分析，描述性系统评价	Meta，CIS，主题综合
结果与讨论	以 Meta 分析形式展示结果，讨论中应分析实施偏倚等多种混杂因素对系统评价结果的影响	以描述性的语言展示结果，由于定性研究实施过程的多样性，不需要讨论发表偏倚对结果的影响

第一节　定量系统评价示例

范文认知行为治疗降低社区服刑人员再犯率有效性的系统评价①

目的：评估认知行为治疗（CBT）降低社区服刑人员再犯率的有效性。

方法：运用系统评价方法，系统检索 12 个国内外数据库，从 173 个原始研究中筛选符合既定纳入标准的随机对照试验，通过 Cochrane 偏移风险工具对纳入试验进行质量计分并进行 Meta 分析，评价指标指向再犯率降低维度。

结果：共纳入 5 项干预社区服刑人员（$n=5157$）的随机对照试验，其中 3 项研究为低度偏移风险，2 项研究中度偏移风险。Meta 分析结果显示，与对照组相比，认知行为治疗对降低社区服刑人员的再犯率（RR = 1.39，95% CI：1.06 ~ 1.80）有统计学意义，亚组分析表明，认知行为治疗对降低缓刑犯（RR = 1.69，95% CI：1.10 ~ 2.59）、非缓刑犯（RR = 1.14，95% CI：1.06 ~ 1.22）再犯率均有统计学意义。

结论：针对先期接受过监禁矫正的非缓刑类型罪犯，认知行为治疗能在一定程度上降低其再犯率；同时，针对缓刑罪犯，认知行为治疗也能够有效降低其再犯率。

---

①　原载于《中国心理卫生杂志》2018 年第 9 期，发表时有部分删节与修改。

一、研究背景

社区矫正是把“越轨”者置于社会环境之中，借助日常生活中社会支持网络和控制系统对矫正对象实现观念和行为方面的转变，以促使矫正对象回归社会和家庭的非监禁刑罚方式。降低社区服刑人员再犯率既是刑罚执行的底线要求，也是检验社区矫正成效的首要标准。数据显示，2016 年全国新接收社区服刑人员 48 万人，现有社区服刑人员 70 万人，社区矫正人员再犯率控制在 0.2% 左右，与刑释人员 8% 的再犯率相比处于比较低的水平①。涉罪人员在成长过程中所体现的动态发展过程显示出通过心理干预可以改变其反社会的性格趋向从而引导其回归社会。无论从保护抑或是预防的视角，加强对社区服刑人员心理矫正均具有重要现实意义。单纯的恢复性司法理念偏重对社会关系的外在修复而忽视社区服刑人员犯罪心理的内在审视，心理矫正由于缺乏统一标准和明确规范，导致项目单一、形式虚化、实效性较差②。究竟哪种心理干预措施对降低社区服刑人员再犯罪率是有效的，目前，在法学、精神健康和社会工作领域，人们仍然没有达成共识，特别是国内此方面的研究缺乏高质量的证据。

---

① 参见《熊选国:2016 年全国新接收社区服刑人员 48 万人》，载中国法院网 2017 年 3 月 8 日，http://www.chinacourt.org/article/detail/2017/03/id/2574385.shtml。

② 参见雷小政:《涉罪未成年人心理辅导与矫治机制改革》，载《中国刑事法杂志》2014 年第 1 期，第86 ~92 页。

二、文献综述

认知行为治疗(Cognitive Behavioral Therapy,CBT)是通过改变个人非适应性的思维和行为模式来减少失调情绪和行为,改善心理问题的一系列心理治疗方法的总和[①]。多布森(Dobson)等[②]确定了认知行为治疗的 3 个基本假设:①认知过程和内容是可理解的、是可知的;②我们的思想和信念协调我们处理信息的方式,从而影响我们的情绪和行为反应;③适应不良的认知可以被改变得更加合理和现实,从而缓解症状、增强功能。认知行为治疗与再犯率降低的主要结局指标之间具有正相关关系:首先,相对于标准行为疗法(Standard Behavior Modification Approaches),立顿(Lipton)等[③]、威尔逊(Wilson)等[④]、麦肯齐(Mackenzie)等[⑤]认为认知行为治疗模式对于降低社区矫正对象重新犯罪率具有很好效果;伊佐(Izzo)等[⑥]、安德鲁斯

① Dobson D & Dobson KS, *Evidenced – based practice of cognitive – behavioral therapy*, New York, Guilford Press, 2009, p. 50.

② Dobson D & Dobson KS, *Evidenced – based practice of cognitive – behavioral therapy*, New York, Guilford Press, 2009, p. 50.

③ Lipton DS, Pearson FS & Cleland CM et al., *The effectiveness of cognitive – behavioural treatment methods on recidivism: meta – analytic outcomes from the CDATE project*, New Jersey: John Wiley & Sons Ltd, 2008, p. 79 – 112.

④ Wilson DB, Bouffard LA & Mackenzie DL, *A quantitative review of structured, group – oriented, cognitive – behavioral programs for offenders*, Criminal Justice & Behavior, p. 172 – 204(2005).

⑤ David B & Wilson, Doris L, et al, *Effects of correctional boot camps on offending*, The American Academy of Political and Social Science, 2005, p. 126 – 143.

⑥ Izzo RL & Ross RR, *Meta – analysis of rehabilitation programs for juvenile delinquents*, Criminal Justice and Behavior, 1990, p. 134 – 142.

(Andrews)等[①]指出相对于正式机构,认知行为治疗在社区环境中开展的效果更好。也有学者提出相反意见,如怀特海(Whitehead)等[②]对1975年到1984年期间在专业期刊上发表的50项研究进行的Meta分析,探讨矫正项目对于降低未成年再犯率的效用,得出总体结论是:"认知行为治疗对降低再犯率的正面效用较小甚至会加剧问题的恶化";兰登堡(Landenberg)等[③]对58个原始研究进行分析发现,认知行为治疗矫正效果和性别之间不存在显著性相关,发现矫正效应值和罪犯年龄没有显著的相关。认知行为治疗与社区服刑人员再犯率下降之间的相关关系需要通过Meta分析进一步加以论证。

张艳[④]和刘建清[⑤]指出国内关于CBT降低社区服刑人员再犯率的研究多是"调查研究"或"定性研究"。本课题组通过文献检索,未能发现国内在社区服刑人员再犯率降低领域关注或使用认知行为治疗的高级别证据,现有研究未采用对照试验,更未有系统评价的研究。虽然,国外在这些领域的研究上已有多篇类似的系统评价[⑥],但从现有研究的内容上看,尚存在如下问

---

① Andrews DA & Bonta JL, *Rehabilitating criminal justice policy and practice*, *Psychology*, Public Policy and Law, 2010, p. 39 – 55.

② John T. Whitehead, *A meta – analysis of juvenile correctional treatment*, Journal of Research in Crime and Delinquency, 1989, p. 276 – 295.

③ Nana A. Landenberger & Mark W Lipsey, *The positive effects of cognitive – behavioral programs for offenders: a meta – analysis of factors associated with effective treatment*, Journal of Experimental Criminology, 2005, p. 451 – 476.

④ 参见张艳:《从认知失调的角度看未成年人的社区矫正》,载《江西公安专科学校学报》2006年第3期,第96~101页。

⑤ 参见刘建清:《论认知疗法在罪犯矫治中的应用》,载《中国心理卫生协会第五届学术研讨会论文集》2007年第8期,第224页。

⑥ Pearson FS, Lipton DS & Cleland CM et al., *The effects of behavioral/cognitive – behavioral programs on recidivism*, Crime & Deliquency, 2002, p. 476 – 496.

题:①研究数据较为陈旧,多数 Meta 分析所纳入的原始研究均发表于 2000 年以前,在全球经济形势、文化结构及社会形态发生转变的新时期,面对新的犯罪特点和矫正需求,相关干预措施的效度还有待进一步检验和证明,需要纳入 2000 年之后的原始文献进行新的系统评价研究;②一些研究[①]的试验组与对照组选择不一定适当,如用在监狱内服刑的人员和社区服刑人员直接对照来分析差异,并将这些差异作为解释社区服刑人员再犯的因素,对这样具有异质性的数据使用 Meta 分析是否恰当,这是一个值得商榷的争议;③多数研究没有区分认知行为治疗对降低不同非监禁刑社区服刑人员的不同效果;④评估问卷中涉及了过多的主观和含糊的条目,缺乏客观、统一的标准;⑤已制定的预测工具的信效度未见公开的检测报告[②]。因此,本研究在已有系统评价基础上,纳入 2000 年至 2016 年符合条件的文献系统评价认知行为治疗对降低社区服刑人员再犯率的有效性,为提高社区矫正质量,减少重新犯罪概率提供理论依据,也为司法工作者和其他专业人员开展对社区服刑人员的心理矫正实践提供启示。

三、资料与方法

(一)纳入及排除标准

纳入标准:①研究类型为随机对照试验(Randomized Con-

---

① Hilde Wermink, Arjan Blokland & Paul Nieuwbeerta et al., *Comparing the effects of community service and short - term imprisonment on recidivism: a matched samples approach*, J Exp Criminol, 2010, p. 325 - 349.

② 参见孔一、黄兴瑞:《刑释人员再犯风险评估量表(RRAI)研究》,载《中国刑事法杂志》2011 年第 5 期,第 91 ~ 106 页。

trolled Trial,RCT),语种为中英文;②研究对象为社区服刑人员;③干预措施为认知行为治疗;④主要结局指标为降低再犯率或者减少累犯。

排除标准:①监禁矫正与社区矫正的直接对照研究;②非实证研究;③联系研究者但无法得到相关数据的研究;④多种干预措施重叠的研究。

(二)文献检索策略

使用计算机检索以下数据库:中国学术期刊 CNKI、万方数据库、中文社会科学引文索引 CSSCI、EBSCO 学术期刊数据库、ProQuest Research Library 数据库、PsycINFO 数据库、SAGE 数据库、SocINDEX 社会科学全文数据库、Taylor & Francis 期刊数据库、Cochranc Library、Pubmed 数据库以及 Embase 数据库。检索时限为 2000 年至 2016 年。中文检索词包括认知行为治疗/社区矫正、非监禁刑/再犯率、重新犯罪率、累犯。英文检索词包括 CBT、Cognitive Behavioral Therapy/Community correction、supervision/recidivism、recommit、reoffending、recidivism rates、recommitment、recommit *。中文检索式为(认知行为治疗)和(社区矫正或非监禁刑)和(再犯率或重新犯罪率或累犯);英文检索式为(CBT or Cognitive Behavioral Therapy)AND(Community correction or supervision or rehabilitation or punishment)AND(recidivism or recidivating or recommit or reconviction or reoffending or recidivism rates or recommitment or recommit *)。

(三)文献筛选与质量控制

由两名作者根据纳入排除标准独立检索筛选文献,阅读标题、摘要和全文,按照 Cochrane Handbook 5.1.0[①] 背对背评价纳入文献的质量。如遇分歧,通过讨论或请第三方解决存在的争议。

Cochrane Handbook 5.1.0 中的风险评估工具测评六个方面:选择偏移(是否按随机序列和分配隐藏进行选择)、实施偏移(是否按盲法进行施测)、测量偏移(是否按盲法进行测量)、数据偏移(数据是否完整)、发表偏移(分析是否全面)、其他偏移。均采用0~2级计分,回答"否"为高度偏移风险,计0分;回答"不清楚"为偏移风险不确定,计1分;回答"是"为低度偏移风险,计2分。依照以上六个方面评价研究整体,并基于各项得分将研究质量从高到低分为3个等级:总分9~12分为低度偏移(高质量研究);总分5~8分为中度偏移(中等质量研究);总分0~4分为高度偏移(低质量研究)。

(四)数据提取

按照系统评价数据提取表进行资料提取。缺乏的信息通过与研究负责人联系予以补充。提取的主要资料包括研究的基本情况、研究设计、干预措施、对照措施、主要结局指标、随访时间。

(五)统计方法

采用 RenMan 5.3 软件进行 Meta 分析。通过 x^2 检验来确定研究结果间是否存在统计异质性,若 $P \geq 0.1$, $I2 < 50\%$ 则认为多个同类研究具有同质性,选用固定效应模型进行 Meta 分

① Higgins JP & Green S, *Cochrane Handbook for Systematic Reviews of Interventions Version* 5.1.0, The Cochrane Collaboration (2011), http://handbook.cochrane.org/.

析;相反,则选择随机效应模型统计分析。对于连续性变量,采用加权均数差(MD)为效应分析统计量;对于二分类变量,采用相对危险度[(Relative Risk,RR)也称相对危险比[Risk Ratio(RR)]为效应分析统计量。相对危险度=暴露组中发生结局的频率除以非暴露组中结局的频率。

对单独的研究结果进行统计分析,对研究结果间差异的来源进行检验,并对具有足够相似性的结果进行定量合成[①],以评估认知行为治疗对降低社区服刑人员再犯率的有效性。

四、研究结果

(一)文献检索结果

共检索出173篇文献和研究资料,根据纳入排除标准,剔除其中的重复文献35篇后,系统阅读剩余文献的标题和摘要后排除60篇,阅读文献的原文后又排除73篇。最终获得文献5篇,均为英文文献(如图2-6-1所示)。

① Porta M, *A dictionary of epidemiology*, Oxford University Press, 2008, p. 26~29.

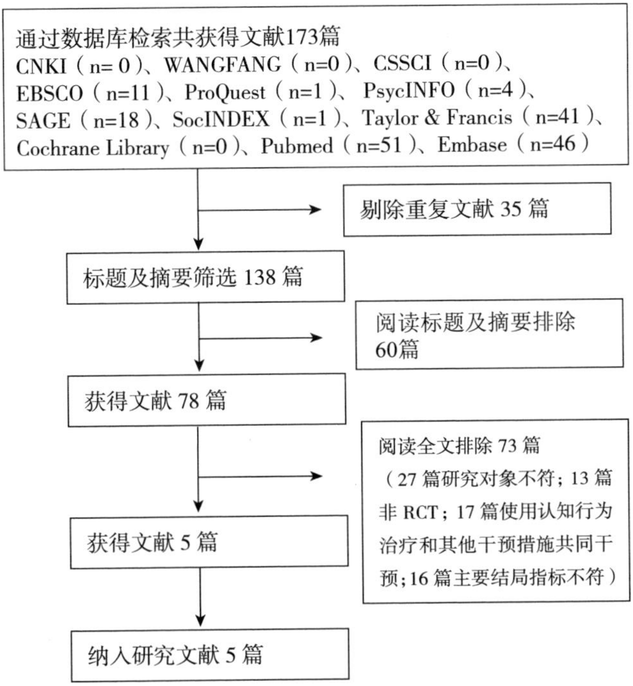

图 2－6－1　文献筛选流程

（二）纳入研究的基本特征

纳入的 5 篇研究共 5157 例研究对象，干预组均采用 CBT，对照组均为空白对照（见表 2－6－2）。

表 2－6－2　纳入研究基本特征

作者	国家	研究对象	主要结局指标	干预时间
Aytes，et al. ①	美国	259 例性犯罪缓刑罪犯	再犯率	2～3 年

① KE Aytes，SS Olsen & T Zakrajsek et al.，*Cognitive Behavioral Treatment for Sexual Offenders：An Examination of Recidivism*，Sexual Abuse A Journal of Research & Treatment，p. 223－231（2001）.

续表

作者	国家	研究对象	主要结局指标	干预时间
Hollin,et al. ①	英国	3449 例缓刑罪犯	再犯率	17 个月
Burraston,et al. ②	美国	59 例少年缓刑罪犯	再犯率	278 天
Hyatt③	美国	904 例高风险男性罪犯	再犯率	12 个月
Quinn,et al. ④	美国	486 例醉驾肇事罪犯	再犯率	16 周

注:CBT,认知行为治疗。

(三)纳入研究的质量评价

3 篇文献[23,25-26]被评为高质量研究(低度偏移风险),2 篇文献[22,23]被评为中等质量研究(中度偏移风险)(见表 2-6-3)。

表 2-6-3　纳入研究的质量评价

纳入研究	随机序列	分配隐藏	盲法	数据完整性	选择性报告	其他偏移	质量评价
Aytes,et al. [19]	不清楚	不清楚	不清楚	不清楚	是	不清楚	中等质量
Hollin,et al. [20]	是	不清楚	不清楚	是	是	是	高质量

---

① CR Hollin,J McGuire & JC Hounsome et al. ,*Cognitive skills behavior programs for Offenders in the Community A Reconviction Analysis*, Criminal Justice and Behavior, p. 269-283(2008).

② BO Burraston,DJ Cherrington & SJ Bahr, *Reducing juvenile recidivism with cognitive training and a cell phone follow-up: an evaluation of the realvictory program*,Int J Offender Ther Comp Criminol,p. 61-80(2010).

③ Jordan Hyatt,*The impact of cognitive-behavioral therapy on the recidivism of high risk probationers: results from a randomized trial*,2013,(Publicly Accessible Penn Dissertations,2013),p. 644.

④ TP Quinn & EL Quinn,*The effect of cognitive-behavioral therapy on driving while intoxicated recidivism*,Journal of Drug Issues,p. 431-446(2015).

续表

纳入研究	随机序列	分配隐藏	盲法	数据完整性	选择性报告	其他偏移	质量评价
Burraston, et al. [21]	是	不清楚	否	是	是	不清楚	中等质量
Hyatt[22]	是	不清楚	不清楚	是	是	是	高质量
Quinn, et al. [23]	是	不清楚	是	是	是	是	高质量

(四)Meta 分析结果

5 篇文献均评价了 CBT 对降低再犯率的影响。针对社区服刑人员再犯率降低,认知行为治疗试验组与对照组的再犯率差异有统计学意义(RR = 1.39,95% CI:1.06 ~ 1.80,P = 0.02)(如图 2 -6 -2 所示)。针对缓刑罪犯再犯率降低,认知行为治疗试验组对比对照组的差异具有统计学意义(RR = 1.69,95% CI:1.10 ~ 2.59,P = 0.02)(如图 2 -6 -3 所示);针对非缓刑罪犯再犯率降低,认知行为治疗试验组对比对照组的再犯率差异具有统计学意义(RR = 1.14,95% CI:1.06 ~ 1.22,P = 0.0002)(如图 2 -6 -4 所示)。

Study or Subgroup	Experimental Events	Experimental Total	Control Events	Control Total	Weight	Risk Ratio M–H, Random, 95% CI
Aytes, et al.	158	170	69	89	23.5%	1.20 [1.06, 1.35]
Burraston, et al.	13	28	3	31	4.4%	4.80 [1.52, 15.10]
Hollin, et al.	455	700	968	2749	24.2%	1.85 [1.71, 1.99]
Hyatt	302	457	266	447	23.8%	1.11 [1.00, 1.23]
Quinn, et al.	255	286	150	200	24.0%	1.19 [1.09, 1.30]
Total (95% CI)		1641		3516	100.0%	1.39 [1.06, 1.80]
Total events	1183		1456			

Heterogeneity: $Tau^2 = 0.07$; $Chi^2 = 100.80$, $df = 4$ ($P < 0.00001$); $I^2 = 96\%$

Test for overall effect: $Z = 2.42$ ($P = 0.02$)

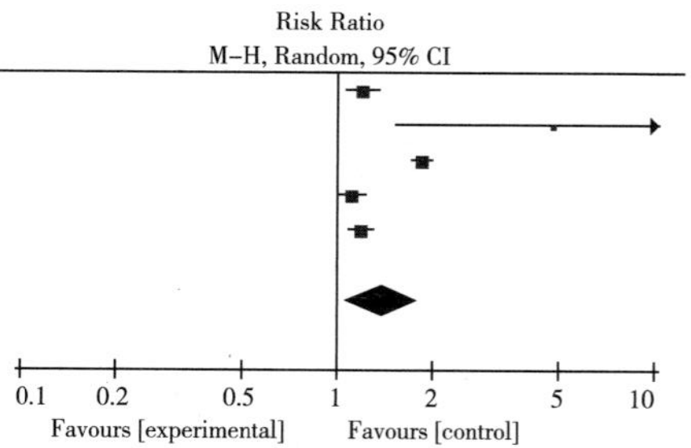

注：Experimental，试验组；Control，对照组；Events，成功的人数；Total，总人数；Weight，每一项研究中参与人数所占总人数的比重；Risk Ratio，认知行为治疗后试验组与对照组的风险比。

图2–6–2　社区服刑人员认知行为治疗后试验组与对照组再犯率统计Meta分析森林图

Study or Subgroup	Experimental Events	Experimental Total	Control Events	Control Total	Weight	Risk Ratio M–H, Random, 95% CI
Aytes, et al.	158	170	69	89	44.2%	1.20 [1.06, 1.35]
Burraston, et al.	13	28	3	31	10.7%	4.80 [1.52, 15.10]
Hollin, et al.	455	700	968	2749	45.1%	1.85 [1.71, 1.99]
Total (95% CI)		898		2869	100.0%	1.69 [1.10, 2.59]
Total events	626		1040			

Heterogeneity: $Tau^2 = 0.10$; $Chi^2 = 43.09$, df = 2 ($P < 0.00001$); $I^2 = 95\%$

Test for overall effect: $Z = 2.40$ ($P = 0.02$)

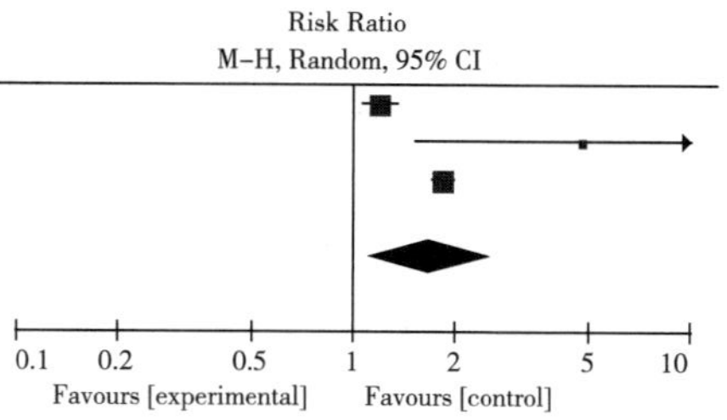

注：Experimental，试验组；Control，对照组；Events，成功的人数；Total，总人数；Weight，每一项研究中参与人数所占总人数的比重；Risk Ratio，认知行为治疗后试验组与对照组的风险比。

图2–6–3　缓刑罪犯认知行为治疗后试验组与对照组再犯率统计Meta分析森林图

Study or Subgroup	Experimental Events	Experimental Total	Control Events	Control Total	Weight	Risk Ratio M–H, Fixed, 95% CI
Hyatt.2013	302	457	266	447	60.4%	1.11 [1.00, 1.23]
Quinn. et al. 2015	255	286	150	200	39.6%	1.19 [1.09, 1.30]
Total (95% CI)		743		647	100.0%	1.14 [1.06, 1.22]
Total events	557		416			

Heterogeneity: $Chi^2 = 1.07, df = 1 (P = 0.30); I^2 = 7\%$
Test for overall effect: $Z = 3.70 (P = 0.0002)$

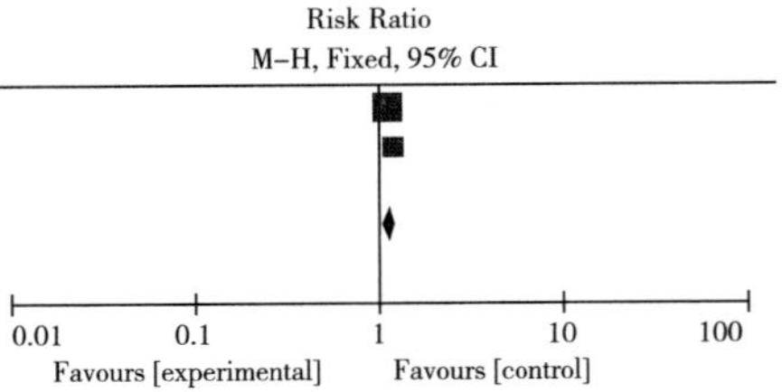

注：Experimental，试验组；Control，对照组；Events，成功的人数；Total，总人数；Weight，每一项研究中参与人数所占总人数的比重；Risk Ratio，认知行为治疗后试验组与对照组的风险比。

图2–6–4　非缓刑罪犯认知行为治疗后试验组与对照组再犯率统计Meta分析森林图

（五）其他描述

5 篇文献分别报告认知行为治疗对降低不同非监禁刑社区服刑人员的不同效果，对于降低男性犯罪和毒品犯罪人员及醉驾肇事犯罪人员的再犯罪率，认知行为治疗具有一定效果，试验组中“成功”的事件比例高于对照组[男性犯罪和毒品犯罪人员 CBT 后试验组与对照组的 RR 值为（302/457）/（266/447）= 1.110；醉驾肇事犯罪人员 CBT 后试验组与对照组的 RR 值为（255/286）/（150/200）= 1.189]。对于矫正性犯罪缓刑人员、一般缓刑人员、少年缓刑人员，认知行为治疗也具有效果，试验组中“成功”的事件比例明显高于对照组[性犯罪缓刑人员 CBT 后试验组与对照组的 RR 值为（158/170）/（69/89）= 1.200；一般缓刑人员 CBT 后试验组与对照组的 RR 值为（13/28）/（3/31）= 4.786；少年缓刑人员 CBT 后试验组与对照组的 RR 值为（455/700）/（968/2749）= 1.846]。

社区矫正主要针对被判处管制、宣告缓刑、裁定假释、暂予监外执行四类罪犯进行。除缓刑犯以外，其他三类罪犯均需要先接受监禁矫正，后因管制结束、假释或特殊原因被安排于社区环境中继续接受社区矫正。唯缓刑具有“先行宣告定罪，暂不执行所判处的监禁刑罚”的特点，即缓刑犯没有历经前期“监禁矫正”，而直接参与社区环境的“非监禁矫正”。提示：针对先期接受过监禁矫正的管制、假释、暂予监外执行等类型罪犯，认知行为治疗能在一定程度上降低其再犯率；同时，针对缓刑罪犯，认知行为治疗也能够有效降低其再犯率。

五、讨论与思考

在中国，法律通过行为来判断是否存在犯罪活动，而犯罪行为是不良心理的外化体现。教育刑罚理论认为犯罪是一个动态的行为过程,是心理障碍、人格扭曲、个体价值被摧毁的后果,主张刑罚最重要的目的是通过教育施加心理影响改造犯罪人,而不是对犯罪人实行报复。认知行为治疗主张认知改变行为,本文对纳入的5项研究进行Meta分析产生的循证实效为我们了解认知行为治疗在社区矫正方面的证据现状提供了一个好方法,为未来的服务和研究提供启示。首先,团体心理治疗模式具有一定效果。团体心理治疗是以团体为对象,运用咨询技术与方法,通过团体成员观察、学习、体验等互动,协助成员宣泄情绪、接纳自我、改善人际关系、增强适应力的过程,具有感染力强、效率高、容易巩固的特点,在促进疏导、支持、团体认同感方面有效果。从本次系统评价纳入的5项研究所提供的随访数据来看,认知行为治疗对降低社区服刑人员再犯率的成效具有中长期稳定性,而本次系统评价纳入的5篇原始文献中4篇采用团体治疗模式,均取得一定矫正效果。其次,长期持续性的认知行为治疗对于再犯率降低有显著效果。本次系统评价纳入的5篇原始研究中,4篇文献的心理治疗期间均高于12个月,并取得明显效果。在采用分段档案管理的研究中,坚持12个月以上的心理治疗接受者其再犯率远高于半途放弃者和拒绝接受者。最后,针对先期接受过监禁矫正的管制、假释、暂予监外执行等类型罪犯,以及缓刑罪犯,认知行为治疗均有一定效果。因此,应当增强针对上述四类人员的认知行为治疗,加大约束、监督的同时进行正面行为的激励,以进一步降低其再犯率。

在循证矫正领域,遵循最佳研究证据的实践,重点在于针对社区服刑人员的犯因性需求,构建精准矫正机制,而干预技术是实现精准矫正的关键突破。通过对大样本RCT数据进行Meta

分析后的结果证实了认知行为治疗降低社区服刑人员再犯率的效果,肯定了建立科学“认知”的重要性。因此,建议心理矫正项目的负责人将认知行为治疗视作矫正项目的首要方法,在社区环境中进行心理治疗,使社区服刑人员学会自我强化、自我指导、自我排练、自我控制,重塑认知,改变动态因素,降低其重新犯罪的可能性①。同时,建立一套心理矫正定期回访机制,在认知行为治疗实施完毕后,进行定期(本次系统评价纳入的5篇原始研究,随访时间为3个月至2年)随访调查,了解其回归社会后的心理动态,积累认知行为治疗方法的适用性及科学性。

呼吁司法社会工作研究者及相关研究者,运用本研究证据在社区层面,针对不同类型的涉罪人群分别开展认知行为干预随机对照试验,特别是开展单一子项目的干预对照,以此判断何种干预子项目更为有效以及综合干预措施是否比单一干预更为有效。在中国情境下的对照试验又在客观层面为下一次系统评价提供了原始材料,通过系统评价反思中国社区矫正中心理矫正现状,着手心理矫正变革。当生成的科学证据足够之时,有望构建“中国循证社区矫正心理干预”证据库,为涉罪人群的心理矫正提供丰富的高质量证据②。

本研究的局限主要集中在以下三个方面。第一,本研究纳入的文献共5篇,主要语言限制在英语,地区限制在美国和英国,文献检索技术的局限可能会增加纳入偏移。第二,本次系统评价纳入了2000年之后发表的5项独立原始研究,经过Cro-

---

① 参见吴宗宪:《社区矫正比较研究》(下),中国人民大学出版社2011年版,第746页。

② 参见陈珊、冯永泰:《循证社区矫正制度研究》,载《法制与社会》2015年第17期,第26~27页。

charane 偏移风险工具测评后，证明了认知行为治疗能够有效地降低再犯率，但较为遗憾原始研究没有区分并展示认知行为治疗对降低不同类型社区服刑人员的不同效果，例如，缺少认知行为治疗对于女性社区服刑人员与男性社区服刑人员、暴力犯罪与非暴力犯罪等矫正效果的差异，同时由于纳入研究的数量有限，针对缓刑罪犯再犯率降低，认知行为治疗的有效性还需要进一步论证。第三，我国《刑法》将“累犯”作为一个重要的量刑情节，强调对“累犯”从重处罚，其理由主要是罪犯在刑罚执行完毕或者赦免以后的 5 年内重新犯罪的仍占相当比例，对于具有较大人身危险性和主观恶性的累犯有必要予以惩罚遏制。本节目前检索纳入的文献皆为英文文献，大多数西方国家不区分“累犯”与“再犯”，因而在干预实施后的随访采样中，没有将 5 年犯罪率作为特别参考指标予以收集，所发表的数据未能有针对性地显示认知行为治疗对于罪犯在刑罚执行完毕或者赦免以后的 5 年内重新犯罪（累犯）的抑制作用。

第二节　定性系统评价示例

认知行为治疗降低社区矫正对象再犯率有效性的质性系统评价[①]

目的：评估认知行为治疗（Cognitive - Behavioral Therapy，CBT）在降低社区矫正对象再犯率方面的有效性。方法：运用系

---

① 原载于《宜宾学院学报》2019 年第 7 期，发表时有部分删节与修改。

统评价方法,系统检索7个国内外数据库,从276个原始研究中筛选既定纳入标准的随机对照试验,通过Cochrane偏倚风险工具对纳入试验进行质量计分,运用归纳描述方法评价干预措施的效果。评价指标指向再犯率降低这个维度。结果:共纳入9项(n=4903)干预社区矫正对象的随机对照试验,并对其进行分析,客观评价认知行为治疗模式对降低再犯率的作用。其中6项研究为低等偏倚风险,3项研究具有中等偏倚风险;6例团体干预和3例个体干预;9项研究都呈现出对矫正对象再犯率的改善效果。结论:本研究提示采取认知行为治疗干预社区矫正对象有助于降低其再犯率,具体表现:问题解决技能训练、集中学习、情绪管理训练3项具体治疗方法对于降低再犯率有显著效果;认知行为治疗对于降低缓刑罪犯再犯率有显著效果;认知行为治疗对于降低非暴力犯罪再犯率有一定作用;超过1年期的认知行为团队治疗对于降低再犯率有显著效果。

一、研究背景及文献综述

社区矫正是把"越轨"者置于社会环境之中,借助日常生活中社会支持网络和控制系统对矫正对象实现观念和行为方面的转变,以促使矫正对象回归社会和家庭的非监禁刑罚方式。降低社区矫正对象再犯率既是刑罚执行的底线要求,也是检验社区矫正成效的首要标准。数据显示,我国现有社区服刑人员62万多人,且以每月1万名的数量递增。社区矫正人员再犯率控制在0.2%左右,与刑释人员8%的再犯率相比处于比较低的水平①。

① 参见司法部社区矫正局:《健全社区矫正法律制度完善中国特色刑罚执行制度:司法部召开健全社区矫正法律度研讨会综述》,载《中国司法》2013年第10期。

已有数篇高质量的元分析研究表明，相对于标准行为疗法（Standard Behavior Modification Approaches），认知行为治疗（Cognitive – Behavioral Therapy，CBT）对于降低社区矫正对象再犯率具有很好效果。加勒特（Garrett）根据多种指标（如心理调适等）对罪犯社区矫正效果的论文进行了元分析，她从 16 个独立的研究中对作为四大一般治疗模式之一的行为治疗进行分析，探索其对降低再犯率的效应大小，发现其效应为 +1.8（均值逆方差权重皮尔森相关系数 r = +.09）。具体子类的行为治疗是：（a）应急管理，（b）认知行为，（c）引导群体互动、积极的同伴文化，（d）环境治疗。加勒特指出许多研究者没有发现行为、认知行为治疗类型的重要意义，积极的行为方式影响主要归因于认知行为和应急管理计划（其中，每一项的效应大小近似相关系数 r = +.12）。然而，当她把注意力集中在 6 项设计更为严格的研究中，却没有发现该疗法对于降低再犯率具有积极作用（r = −0.04）[①]。安德鲁斯等通过元分析发现适当的矫正治疗能够降低再犯率，"适当"的矫正项目具有以下几方面特征：（a）针对高风险的案例；（b）重点针对犯因性需求；（c）使用与案主需求和学习风格最相匹配的治疗模式，例如，认知行为治疗的效用（r = 0.29）高于非认知行为治疗的效用（r = 0.04）[②]。几年后，在他们的元分析扩展数据库中，Andrews 和 Bonta 将行为治疗中的"行为"这一短语界定为行为、社会学习行为和认知行

---

① GARRETT. C. J, *Effects of residential treatment of adjudicated delinquents*, A meta – analysis, Journal of Research in Crime and Delinquency, p. 287 – 308 (1985).

② ANDREWS. D. A, ZINGER I & HOGE. R. D et al., *Doescorrectional treatment work? A clinically relevant and psychologically – informed meta – analysis*, Criminology, p. 369 – 404 (1990).

为,并进一步指出行为治疗比非行为治疗具有更加明显的效用,且短期(Short－hand Phrase)的认知行为治疗效果更为明显[①]。Pearson 等通过对大样本的 RCT 数据进行元分析认为,认知行为治疗对减少再犯率可以达到很好的效果,特别是基于认知行为的社交技能开发项目和认知能力训练(推理和康复)项目能够有效降低再犯率,且认知行为疗法在罪犯群体上普遍适用。同时,相对于正式机构,认知行为治疗在社区环境中开展的效果更好[②]。此外,有学者区分矫正对象年龄对矫正效果进行了元分析,Izzo 和 Ross 对 1970 年至 1985 年发表的有关青少年矫正治疗对降低再犯率作用的文献进行了元分析,符合他们研究标准的文献共有 46 项,他们开展了 68 组对比研究。他们得出两个结论:一是在社区环境进行治疗项目(而非在机构中)的效果更好;二是进行认知行为治疗与成功降低再犯率具有相关性,他们发现认知项目的效用至少是非认识项目的两倍。[③]

同时,有学者提出相反意见:Whitehead 和 Lab 对 1975～1984 年在专业期刊上发表的 50 项研究进行了的元分析,探讨矫正项目对于降低未成年人再犯率的效用。他们的总体结论是:"干预对降低再犯率的正面效用较小甚至会加剧问题的恶化。"当他们经过对应急管理、技能培训等行为干预项目的分析之后,通过实验组和控制组对比发现,与其他类型的治疗相比,

---

① ANDREWS D A & BONTA J, *The psychology of criminal conduct* ,Cincinnati, OH: Anderson, 1998.

② PEARSON F S, LIPTON D S & CLELAND C M, et al. , T*he Effects of Behavioral/ Cognitive－Behavioral Programs on Recidivism*, Crime & Amp Delinquency, 2002 (July).

③ IZZO. R. L & ROSS. R. R, *Meta－analysis of rehabilitation programs for juvenile delinquents*, Criminal Justice and Behavior, p. 134－142(1990).

行为治疗对于降低再犯率的效用并不明显①。Landenberg 和 Lipsey 对 58 个原始研究进行分析发现，认知行为治疗矫正效果和性别之间不存在显著性相关性，作者还发现矫正效应值和是不是青少年罪犯或成年罪犯也没有显著的相关性②。

现有研究存在如下问题：(1)研究数据较为陈旧，大多数元分析所纳入的原始研究均发表于 2000 年以前，在经济形式、文化结构及社会形态发生转变的新时期，面对新的犯罪特点和矫正需求，相关干预措施的效度还有待进一步检验和证明；(2)一些研究的实验组与对照组选择失当，如用在监狱内服刑的短刑犯和社区矫正对象直接对照来分析差异，并将这些差异作为解释社区矫正对象再犯的因素，对这样具有异质性的数据使用 Meta 分析是否恰当，这是值得商榷的；(3)大多数研究没有区分认知行为治疗对降低不同非监禁刑社区矫正对象的不同效果；(4)评估题目中涉及了过多的主观和含糊的项目，缺乏客观、统一的标准；(5)已制定的预测工具的信度、效度也未见公开的检测报告③；(6)国内学界关于此问题还未产生系统评价的文章，多是"调查研究"或"定性研究"。

通过对文献的检索和初步分析可以看出，此一研究领域中仍有诸多值得深入探讨之处。因此，本文选择以认知行为疗法对于降低社区矫正对象再犯率为研究主题，努力克服上述缺陷，

---

① WHITEHEAD. J. T & LAB. S. P. ,*A meta - analysis of juvenile correctional treatment* , Journal of Research in Crime and Delinquency, p. 276 - 295(1989).

② LANDENBERGER. N. A & LIPSEY. M. W, *The positive effects of cognitive behavioral programs for offenders: A meta - analysis of factors associated with effective treatment*, Journal of Experimental Criminology, p. 451 - 476(2005).

③ 参见孔一、黄兴瑞：《刑释人员再犯风险评估量表(RRAI)研究》，载《中国刑事法杂志》2011 年第 10 期，第 91 ~ 106 页。

致力于评估社区矫正对象认知行为问题改善与再犯率之间的关系，为提高罪犯改造的质量，降低重新犯罪概率提供理论依据。

二、研究对象与方法

本文以社区矫正罪犯作为研究对象，通过检索国内外数据库的方法，同时在设定的纳入与排除标准基础上，分析认知行为治疗法对降低再犯率的效果。

（一）检索策略

使用计算机检索以下数据库：中国学术期刊 CNKI 数据库、万方数据库、中文社会科学引文索引 CSSCI 数据库、百度学术数据库、SAGE journals（世哲）期刊数据库、Taylor & Francis 期刊数据库、Cochrane Library 数据库。检索时限为：2000 ~ 2019 年。中文检索词包括认知行为治疗、社区矫正/非监禁刑、再犯率/重新犯罪率。英文检索词包括 CBT/Cognitive - behavioral Therapy、Community correction/supervision、recidivism/recommit/recommittal/reoffending。检索式为（CBT or Cognitive - behavioral Therapy）AND（Community correction or supervision or rehabilitation or punishment）AND（recidivism or recidivating or recommit or recommittal or reconviction or reoffending）。

（二）纳入与排除标准

纳入标准：（a）采用社会科学研究方法；（b）检测任何干预项目的效果或影响；（c）案主为成年或未成年犯（包括缓刑、假释期接受社区矫正的罪犯以及管制、暂予监外执行的社区矫正对象）；（d）结局指标特指：降低再犯率或者减少累犯（recidivism）；（e）语种为任何一个国家采用英语或中文写作的文献；（f）公开发表或未公开发表；（g）发表年限：2000 ~ 2019 年；

(h)将认知行为治疗作为干预项目最重要的手段;(i)采用随机对照试验。经过筛选,共有9篇文章符合条件。

排除标准:(a)排除监禁矫正与社区矫正的直接对照研究;(b)排除纯理论研究及非实证研究;(c)排除联系研究者但无法得到相关数据的研究;(d)排除多种干预措施重叠的研究。

(三)研究的质量评价

鉴于干预措施与结论数据的异质性较强,本研究采用Crocharane偏倚风险工具对研究的整体质量进行评分。Crocharane偏倚风险工具评测原则包括六个方面:选择偏倚(是否按随机序列和分配隐藏进行选择)、实施偏倚(是否按盲法进行施测)、测量偏倚(是否按盲法进行测量)、数据偏倚(数据是否完整)、发表偏倚(分析是否全面)、其他偏倚(例如,非权威期刊证据较多)。依照这六个方面评价研究整体质量,对每一篇纳入的文献进行计分,“是”记2分,“不清楚”记1分,“否”记0分。总得分分为三个类型,分别代表不同的整体偏倚风险水平。0~4分为高风险,5~8分为中风险,9~12分为低风险。系统评价报告按照PRISMA(Preferred Reporting Items for Systematic Reviews and Meta - analyses)声明标准①。

三、研究结果

通过对检索数据库所收集到的相关文献进行初筛、精筛,从最终纳入的文献研究的不同干预角度进行分析,制作出多视角

① Moher D, Liberati A & Tetzlaff J et al. , *Preferred reporting items for systematic reviews and meta - analyses: the PRISMA Statement*, Ann Intern Med, p. 264 - 269 (2009).

下认知行为治疗对降低再犯率效果的特征表,论证了认知行为治疗对降低社区矫正对象再犯率的作用。

(一)纳入过程

由两名评价者根据纳入排除标准独立检索筛选文献,阅读题目、摘要和全文,并按照 Cochrane Handbook 背对背评价纳入研究质量(如图 2-6-5 所示)。如遇分歧,通过讨论或第三方解决存在的争议。

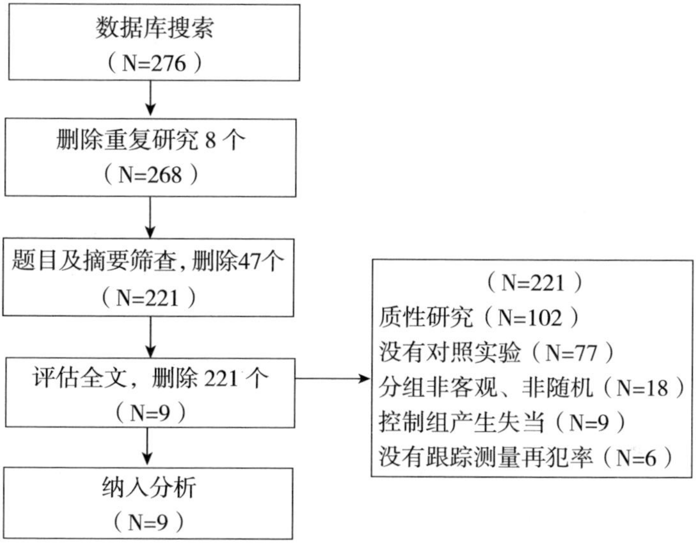

图 2-6-5 纳入过程数据图

首先对 276 篇相关文献进行初筛,发现其中 8 篇的题目或摘要不符合选择,再通过对余下的 268 篇文献进行全文阅读筛选,最终纳入 9 篇文献研究。所纳入研究均通过随机对照试验,并报告了认知行为治疗对降低社区矫正对象再犯率的有效作用。

(二)纳入研究情况

共纳入 9 项对照试验研究,共 4903(接受治疗者)例研究对象,每项研究涉及对象 8 ~2186 例不等。

从纳入研究的干预对象上看:针对性犯罪、醉驾肇事等不同犯罪类型,缓刑、假释等不同刑罚类型以及青少年、成年等不同人口统计学特征的矫正对象。从犯罪类型上看,有 1 项研究聚焦性犯罪,有 1 项研究聚焦醉驾肇事类犯罪(如 Quinn 等,2015),其余 7 项研究均包含暴力犯罪、财产犯罪等多种犯罪类型;从刑罚类型上看,5 项研究只关注缓刑罪犯的再犯率(如 McGuire 等,2008),其余 4 项研究关注所有类型社区矫正对象的再犯率;从矫正对象的人口学特征上看,1 项研究仅针对青少年再犯率(如 Jewell 等,2015),1 项研究仅针对男性犯罪人(如 M Needham 等,2015),其余 7 项研究没有区分年龄与性别。

从纳入研究的干预形式上来看,主要分为团队干预、个体干预两大类。其中 6 项是团队干预(如 Jewell 等,2015),3 项是个体干预(如 Clive R. Hollin 等 2008)。

从纳入研究的干预时间上看,分为三种类型,成功接受完整干预项目者(Successfully Completed)、半途而废者(Drop - outs)、未开展干预者(Non - starter,包括主观拒绝接受者和因客观原因未能开展治疗者);从纳入文献情况来看,认知行为治疗(成功接受完整干预项目)的周期在 5 周至 24 个月,有 4 个研究的治疗时间为 12 个月及以上(如 McGuire 等,2008)。

(三)文献纳入的质量

原材料的信度令人满意,表明具有较高的可信度,9 项对比项目中 6 项具体干预结果非常值得信赖,3 项具体干预效果值得信赖(如表 2 - 6 - 4 所示)。高信度来源于干预项目的持续性、样本的广泛性[①]和研究条件的可靠保障。从时间上看，研究的整体质量随着时间推移不断提高。2010 年之前的 4 项研究中，2 项干预研究为中等偏倚风险，2 项研究为低等风险。2010 年之后的 5 项研究中，中等偏倚风险研究只有 1 项，低等偏倚风险为 4 项。

当然，研究设计和研究方法质量之间也存在相关性：质量较差的研究常使用经典实验或者准实验设计，而质量较好的研究往往使用真正的随机对照实验设计。大多数文献的研究方法是可靠的，采用随机对照试验进行（如 M Needham 等，2015），但是部分研究随机对照分组特征不明显（如 Aytes K E 等，2001；Doina Stefana Saucan 等，2012）。

（四）效果分析

1. 不同干预特征下的干预效果分析

从实验组与控制组的独立对比中研究认知行为治疗的具体类型和数量（见表 2－6－4）。

表 2－6－4　认知行为子项目

项　　目	总数（个）
社会技能拓展训练	4
问题解决技能训练	6
社会交流技能训练	2
集中学习	6
自控力训练	3

① 笔者注：根据二项分布和泊松分布，有一个原始研究的样本量为 8，属于小样本。

续表

项　　目	总数(个)
情绪管理训练	9
预防复发训练	2
协商技能训练	3
自信重塑训练	2
放松训练	2

表2－6－4总结了对认知行为项目下子项目降低再犯率的效果，表明特定的治疗类型能够有效降低再犯率。在认知行为子类型中，只有3个子项目治疗方式被多项研究采用：问题解决技能训练、集中学习、情绪管理训练。根据9项先前研究，这3个子项目符合我们认定降低再犯率有效性的标准，且相关的研究多为风险偏小的高质量研究。因此，我们可以得出如下结论：问题解决技能训练、集中学习、情绪管理训练3个子项目的有效性得到一定程度的证实。

2. 认知行为治疗对不同罪犯的干预效果分析

6篇文献被评为高质量研究（低度偏移风险），3篇文献被评为中等质量研究（中度偏移风险）（见表2－6－5）。

表2－6－5　纳入研究的显著性特征表

作者	时间（国家）	偏倚风险	再犯率	针对群体
Aytes K E 等	2001（美国）	中	Y	性犯罪罪犯
Tanyam. morrel 等	2003（美国）	中	Y	暴力共犯罪犯
James McGuire 等	2008（英国）	低	Y	缓刑罪犯
Clive R. Hollin 等	2008（英国）	低	Y	缓刑罪犯

续表

作者	时间(国家)	偏倚风险	再犯率	针对群体
Doina Stefana Saucan 等	2012(美国)	中	Y	缓刑罪犯
Jordan Hyatt 等	2013(美国)	低	Y	严重缓刑罪犯
Jeremy D. Jewell 等	2015(美国)	低	Y	青少年缓刑罪犯
Thomas P. Quinn 等	2015(美国)	低	Y	醉驾肇事罪犯
M Needham 等	2015(英国)	低	Y	男性酒后犯罪罪犯

从具体干预效果来看：

首先，认知行为治疗对于缓刑①犯的再犯率降低有显著效果。本文纳入的 9 篇原始研究中，5 项研究均针对缓刑犯进行认知行为治疗，从研究质量上看，1 项研究为中等偏移风险，4 项研究为低等偏移风险；从研究结果上看，5 项研究结果均具有显著性。（如 Clive R. Hollin 等，2008）。研究结论也印证了缓刑制度作为一种以教育刑为基础，实施刑罚个别化措施的本质特点。

其次，认知行为治疗对于非暴力犯罪再犯率的降低有一定作用。有文献显示，经过 12 个月治疗介入后，有一些显著且有意义的差异表现出来，与对照组再犯率（40.5%）相比，经过认知行为治疗后的实验组再犯率（33.9%）降低大约 7.5%，预估

① 笔者注：虽然广义的缓刑制度包括缓起诉、缓宣告和缓执行，但英美法系和大陆法系国家均有相关立法例，故缓刑制度的分类对于本研究不产生结论性影响。

认知行为治疗能够减少非暴力犯罪率为 18. 8%（Hyatt 等，2013）。同时有文献表明，认知行为治疗模式能显著降低醉驾肇事犯罪的再犯率，纽约州的酒驾再犯率为 25%，美国全国的 DWI 再犯率为 30%，经过一般治疗模式后的酒驾再犯率为 24%，而经过认知行为治疗之后的酒驾再犯率为 11%（Quinn 等，2015）。

再次，超过 1 年期的认知行为治疗对于再犯率的降低有显著效果。多数研究的治疗期间均高于或等于 12 个月，并取得明显效果。例如，有学者通过认知行为治疗对缓刑罪犯的再犯率进行干预后，结果显示：坚持 12 个月以上认知行为治疗接受者的再犯率为 45. 6%，半途放弃者的再犯率为 73. 5%，拒绝接受者的再犯率为 74%，对比组的再犯率为 52. 98%。控制组总的再犯率为 65. 57%，对比组总的再犯率为 59. 28%（McGuire 等，2008）。经过 6 个月的治疗介入，矫正对象表现出物理攻击以及心理攻击行为的显著减少，自我损害的行为同样减少，建立起抵御共犯伙伴侵略和“邀约”的自尊，但在避免语言攻击谈判策略和自我效能感增加方面效果不明显（Morrel 等，2003）。

最后，认知行为治疗采用团队干预模式效果较好。本文纳入的文献中三分之二的实验采用团队干预模式，均取得较好矫正效果。

四、反思与展望

如前所述，前期研究很难否认认知行为治疗和再犯率之间的关联假设，这些研究还构成这一领域元分析的第一股浪潮，但较为遗憾前期元分析没有区分认知行为治疗对降低不同社区矫正对象的不同效果。本次系统评价纳入了 2000 年之后发表的

9 项独立原始研究，经过 Crocharane 偏倚风险工具测评后，证明了认知行为治疗能够有效地降低再犯率。对于作为整体的认知行为研究，以及作为其子项目的问题解决技能训练、集中学习、情绪管理训练研究都是如此。

本文的研究结果建立在科学分析基础上，但是存在两个问题需要注意。首先，由于文献检索技术的局限，本文可能存在一定纳入偏移，一些项目操作者虽然声称或采用了认识行为治疗项目，但是可能并不包含在我们纳入的研究里。不过如果这些项目并没有使用已纳入原始研究中所采纳的治疗方式，或者即使他们使用了相同的操作技术，但无法真正在某个具体的矫正项目中充分使用这些认知行为方法，则矫正效果会受到影响。其次，中国《刑法》将"累犯"作为一个重要的量刑情节，强调对"累犯"①从重处罚，其理由主要是罪犯在刑罚执行完毕或者赦免以后的 5 年内重新犯罪仍占相当比例，对于具有较大人身危险性和主观恶性的累犯有必要予以惩罚遏制。本节目前检索纳入的文献皆为英文文献，大多数西方国家不区分累犯与再犯，因而在干预实施后的随访采样中，没有将 5 年犯罪率作为特别参考指标予以收集，因而所发表的数据未能有针对性地显示认知行为治疗对于罪犯在刑罚执行完毕或者赦免以后的 5 年内重新犯罪（累犯）的抑制作用。

这些值得注意的地方，提示了我们需要对认知行为治疗项目进一步研究以获取更多的信息。下一步研究需要描述认知行

① 《刑法》第 65 条规定，被判处有期徒刑以上刑罚的犯罪分子，刑罚执行完毕或者赦免以后，在 5 年之内再犯应当判处有期徒刑以上刑罚之罪的，是累犯，应当从重处罚，但是过失犯罪和不满 18 周岁的人犯罪的除外。

为的项目细节，例如，具体的治疗模型和课程、项目人员培训情况，治疗频度、监管程序信息、计划时间和实际时间等。同时，研究还需要特别关注认知行为治疗对于累犯的矫正效果。

在进行这篇研究之前，本研究期待预防复发训练、自控力训练等子项目会被证明是有效的。根据分析结果，预防复发训练、自控力训练等子项目的效果尚未得到证实，不过也没有被否定。按照前文的研究结果，尽管我们认为进行这项研究的几组实验比较分析达到了较高的研究质量标准，我们也只能认为预防复发训练、自控力训练等子项目的效果只获得了低度证实。

五、证据运用：社区服刑人员心理矫正的机制构建

循证系统评价结论可以增强社区矫正领域中决策的科学性与准确性，避免决策的主观性与盲目性。研究的目的是服务实践，如何将系统评价的证据结论向司法实践转化，是开展循证研究的关键问题，也是弥合研究与实践差距的重要手段。在循证矫正领域，遵循最佳研究证据的实践，重点在于针对社区服刑人员的犯因性需求，构建系统性的心理矫正机制，将这些有效的项目扩展到整个矫正系统中并加以执行。

（一）完善心理矫正法制构建

高层次、综合性的社区矫正立法能消除地区差异性和执行混乱性，网罗更多社会资源、调动其他社会力量，借助《社区矫正法》制定环节，建议做好以下几方面工作。首先，以《社区矫正法》立法为契机，制定实施分类矫正，即按年龄、性别、犯罪类型、刑罚类型等对社区服刑人员进行划分，根据个体差异，制订矫正方案，落实矫正措施，做到有的放矢、因人施教。其次，在社区矫正中引入部分中间制裁（Intermediate Sanction）措施，在社

区环境中，推广适用中途之家、日间治疗中心、矫正训练营等轻微惩罚性措施，帮助社区服刑人员康复心理，健全人格，提高适应社会的能力。再次，进一步向法庭赋权，赋予法庭发出要求某些犯罪人接受治疗的命令——“治疗令”的权力，强制特定社区服刑人员（如未成年社区服刑人员）接受1年期及以上的团体式心理矫正，接受治疗、履行义务的过程也彰显出社区矫正制度所应当具有的制裁性质。最后，以立法的形式强化对矫正社区的评级与管理。在《社区矫正法》及其实施细则中制定矫正社区的量化评级标准和数据化评估方案，对社区中司法行政工作人员配备、社工及心理咨询师配备、相关人员的学历要求和能力水平、社区矫正硬件设施、居民的认同度和接收度等进行科学的评估，将评级结果与财政支持力度挂钩。

（二）探索心理矫正运行机制

1. 科学的心理评估与精准矫正机制

首先，准确评估是实现精准矫正的必要前提。司法行政机关可委托司法社工采取当面访谈、实地走访以及适时跟踪监督等方式，收集社区服刑人员悔罪表现、履行保证书等情况，就其再犯罪及改造可能性制作补充社会调查报告。心理专家结合补充社会调查报告对其个性特点、认知能力、情感状态等进行量表测试和综合评估，通过司法行政机关与司法社工、心理咨询机构密切合作，选择最恰当的心理矫正方式。

其次，详细方案是实现精准矫正的重要环节。结合犯因性需求与综合评估结论，为每一位社区服刑人员定制个体心理矫正方案，包括具体的干预模型选择和课程设置，项目参与人员的培训情况，心理干预的频度与持续时间，对持续接受心理干预者的奖励措施，司法机关监管程序等信息。

再次,干预技术是实现精准矫正的关键突破。通过大样本随机对照实验的数据进行 Meta 分析后的结果显示,在社区矫正中,认知行为治疗对于降低再犯率的效用明显高于非行为疗法,认知行为治疗比单纯的教育培训课程、恢复性司法(Restorative Justice)作用更为积极,采取结构化的治疗方案,建立科学的"认知"至关重要。因此,心理矫正项目的负责人有必要将认知行为治疗看作矫正项目的首要方法,在社区环境中进行问题解决技能训练、集中学习、情绪管理训练等,通过心理治疗,使社区服刑人员学会自我强化、自我指导、自我排练、自我控制,重塑认知,改变动态因素,降低重新犯罪的可能性。① 针对因家庭教育不良、监护人失职所造成的未成年人犯罪案件,可在亲职教育个案中,介入认知行为治疗。

最后,回访机制是实现精准矫正的有力保障。本次系统评价纳入的 4 篇原始研究,随访时间为 3 个月至 2 年。建立一套心理矫正回访机制,在认知行为治疗实施完毕后,对涉罪人员进行定期(可将最长随访时间确定为 2 年以上)随访调查,了解其回归社会后的心理动态,积累认知行为治疗方法使用的适用性及科学性。同时,运用本研究证据在中国情境下的试验又在客观层面为下一次系统评价提供了原始材料,通过系统评价反思中国社区服刑人员心理矫正现状,着手心理矫正变革。当生成的科学证据足够之时,有望构建"中国循证社区矫正心理干预"

① AYTES. K. E, OLSEN S S & ZAKRAJSEK. T et al. , *Cognitive/Behavioral Treatment for Sexual Offenders: An Examination of Recidivism*, Sexual Abuse A Journal of Research & Treatment, p. 223 - 231 (2001).

证据库,为心理矫正提供丰富的高质量证据。①

2. 持续性干预的经费激励机制

一方面,做好国家层面的专项资金拨款及利好政策激励。国家财政应当适度加大对社区矫正的经费支持力度,丰富矫正社区的硬件和软件设施,同时,各地应建立《专项矫正资金管理使用办法》等配套机制,设立爱心资金专户,地方财政根据社区评级结果给予倾斜性支持。另一方面,增强公共资源的支持力度。社区矫正是一项兼具专业化与社会化特点的工作,心理矫正的持续运行,需要积极撬动社会资源,发挥社会主体的优势条件,可依托腾讯、淘宝、微信等网络平台,通过群团组织以"社会买单"方式公开向社会筹集公益基金用于社区矫正工作。

3. 多方社会力量协同的参与机制

一方面,引导社会参与。积极落实刑事政策社会化,发展司法社工服务机构,重点扶持社工心理工作室;建立爱心人员(企业)信息库,组建关爱志愿服务队,加强与高校智库等社会力量合作;密切联系教育部门、共青团、妇女联合会、未保委及居委会、村委会等部门。借助民间力量、调动民间智力、整合民间资源,实现将疏导心理情绪、单纯心理咨询等简单服务项目的无偿委托。另一方面,创新合作方式。规范心理矫正机构和干预人员资质,建立权威心理矫正机构名录②,将认知行为治疗等专业

---

① MORREL. T. M, ELLIOTT. J. D & MURPHY. C. M, et al. , *Cognitive Behavioral and Supportive Group Treatments for Partner – Violent Men*, Behavior Therapy, p. 77 – 95(2003).

② MCGUIRE. J, BILBY. C. A. L & HATCHE. R. M. R et al. ,*Evaluation of structured cognitive – behavioural treatment programes in reducing criminal recidivism*, Journal of Experimental Criminology, March, p. 21 – 40(2008).

性强的心理治疗服务向具有服务资质的社会组织购买，在政府采购协议中明确购买服务的数量、质量以及服务期限、资金支付方式、违约责任等，加强购买服务资金管理，指导督促服务承接机构履行合同义务。当然，在缺乏心理咨询师的地区，政府可发展专职社工队伍，社区矫正机构也可以公开招聘熟悉医学心理学、精神病学、社会心理学等相关学科知识，具有心理咨询师资格的社工，培养自己的心理矫正队伍，实施精准心理矫正①。

结语：本章以认知行为疗法降低社区矫正对象再犯率为研究主题，采用系统评价方法并运用 Crocharane 偏倚风险工具论证认知行为治疗降低社区服刑人员再犯率的有效性。本章虽努力克服现有研究存在的缺陷，但由于检索文献所对应的国家的刑法与中国刑法存在不同规定，同时受制于文献检索技术与方法自身的局限性，导致在条件允许时仍需进一步对认知行为治疗进行探索与研究，以期用最优证据提升我国社区矫正效果，降低重新犯罪的概率。

① 参见陈珊、童峰、齐铱等：《认知行为治疗降低社区服刑人员再犯率有效性的系统评价》，载《中国心理卫生杂志》2018 年第 9 期，第 724 ~ 730 页。

第三部分　循证实践篇

第七章

基于人口异质性的分类社区矫正措施选择

《社区矫正法》第 1 条规定,为了推进和规范社区矫正工作,保障刑事判决、刑事裁定和暂予监外执行决定的正确执行,提高教育矫正质量,促进社区矫正对象顺利融入社会,预防和减少犯罪,根据宪法,制定本法。本条确立了社区矫正制度的总体目标:降低再犯率、(再)社会化。

除上述矫正目标外,在本书第一部分中,作者基于人口异质性将社区矫正对象划分为不同群体,并归纳出不同社区矫正群体的差异化矫正目标。即,老年社区矫正对象的重点矫正目标:社会融入;青少年社区矫正对象的重点矫正目标:重塑正确认知、社会化;女性社区矫正对象的重点矫正目标:提升社会适应能力。这些差异化的矫正需求为实施分类社区矫正提供目标导向,本章笔者将通过循证研究发现有利于实现社区矫正对象再犯率降低及社会化(再社会化)目标的举措,并结合社区矫正对象的人口异质性特征,寻找实现不同社区矫正群体差异化矫正目标的具体对策。

第一节 实现老年社区矫正对象分类矫正的循证研究

社会支持网络促进老年社区矫正对象社会融入有效性的系统评价

目的:评估社会支持网络对促进老年社区矫正对象社会融入的有效性。方法:运用系统评价方法,系统检索5个国内中文数据库,从36个原始研究中筛选符合既定纳入标准的原始研究,一共纳入观察性研究1篇,定性研究2篇。从纳入的研究对象上看,包括不同犯罪类型及不同刑罚类型的老年社区矫正对象。在已纳入的3篇文章中,通过观察性研究质量评价工具(STROBE声明)和定性研究质量评价工具(CASP清单)分别对纳入文章进行原始研究信度分析,并客观评价社会支持网络对促进老年社区矫正对象社会融入的作用。结果:其中2项研究为低等偏倚风险,1项研究为中等偏倚风险;3项研究均肯定社会支持网络对老年社区矫正对象社会融入的促进效果。结论:本研究提示构建社会支持网络有助于促进老年社区矫正对象社会融入,具体而言:超过1个月的社会工作介入对促进老年社区矫正对象的社会融入有较为显著的效果;运用社会支持网络和社会工作实务相结合的方法对促进老年社区矫正对象的社会融入有较为显著的效果;由家庭、邻里、社区、志愿者队伍、矫正社会组织以及法院、检察院、司法行政机关形成的社会支持网络,对促进老年社区矫正对象社会融入有较为显著的效果。

一、研究背景

社区矫正与监狱矫正相区别，是指将符合社区矫正条件的罪犯置于社区内，由国家专门机关在相关社会团体和民间组织以及志愿者的协助下，矫正罪犯的犯罪心理和行为恶习，并促进其顺利回归社会的非监禁刑罚执行活动。社区矫正的特征就是非监禁性，主要是依靠社区矫正机构工作人员对矫正对象进行管理，并由社会大众监督。社区矫正秉承人性化理念，通过在社会、社区等环境中对矫正对象进行教育帮扶，从而使矫正对象能够更好融入社会。据国家统计局 2020 年第 7 次全国人口普查数据显示，我国 60 周岁及以上人口共计26,402万人，占总人口比重 18.7%；其中，65 周岁及以上人口共计 19,064 万人，占总人口比重 13.5%。[①] 可见，我国人口老龄化的高龄化趋势也日渐显现。随着人口老龄化程度不断增加，老年人犯罪现象也在不断加重。我国《刑法》对老年人犯罪一般采取从宽处罚原则，相应地对老年罪犯的刑罚方式也在罪责刑相适应原则下尽可能地结合社区矫正方式，社区矫正对象中老年人口比例也是在不断增加。

社会融入是处于弱势地位的主体能动地与特定社区中的个体与群体进行反思性、持续性互动的社会行动过程。但是在社区矫正实施过程当中，老年社区矫正对象往往难以真正融入社会，普遍面临社会支持网络弱化和缺失的问题。由于老年社区矫正对象占有社会资源不足，加上社会对犯罪分子的歧视与排

① 参见翟振武：《第七次全国人口普查公报解读》，载国家统计局 2021 年 5 月 12 日，http://www.stats.gov.cn/tjsj/sjjd/202105/t20210512_1817336.html。

斥观念以及人们所固有的防范意识，老年社区矫正对象往往处于“弱关系”状态之中，即人际交往狭隘、经济收入低下、社会地位低微。老年人犯罪后进行社区矫正很难融入社会从而成为事实上的弱势群体。然而目前我国《社区矫正法》并没有对老年社区矫正问题作专门具体的规定，矫正效果并不理想。

对社区矫正对象进行改造需要全社会提供一个良好环境和友好氛围，重塑和强化社区矫正对象的社会支持网络有利于实现老年社区矫正对象的社会融入。社会支持是指个体可以通过其他个体、群体或者更大的社交团体获得支持的可能性，通常来说就是社会各个方面给予个体精神或者物质上的帮助和支持，大体由主体、客体、内容三要素组成①。社会支持是一种行动和情感分享，是个体从社会各主体得到的各种形式的关心、扶持和帮助，其本质是一种物质救助、生活扶持等社会性行为②。社会支持实质上就是组织通过组织化或非组织化的社会网络，使社会成员能够在社会的活动过程中获得物质、情感以及技术性的支持，满足社会成员的物质与精神追求，从而提高社会成员的社会归属感③。

二、文献综述

作为一种非监禁刑罚，社区矫正注重以人为本、教化为主的

---

① 参见罗彤彤、乐传永：《论老年教育支持服务体系的构建——基于社会支持理论》，载《中国成人教育》2015 年第 2 期，第 8 ~ 12 页。

② 参见方曙光：《社会支持理论视域下失独老人的社会生活重建》，载《国家行政学院学报》2013 年第 4 期，第 104 ~ 108 页。

③ 参见李宁宁、苗国：《社会支持理论视野下的社会管理创新：从刚性管理向柔性支持范式的转变》，载《江海学刊》2011 年第 6 期，第 111 ~ 116 页。

刑罚方式，矫正对象可以在社区中学习改造，不需要脱离社会、远离人群，在刑罚执行完毕后也可以更好地融入社会，既可以节约司法资源，又有助于矫正对象社会化。但老年社区矫正对象作为一个特殊的社会群体，因为失去年龄优势而在社会生活、工作、交往中感到失落和无力，在社会关系中处于一种劣势状态。那么，针对老年社区矫正对象，通过构建社会支持网络可以修复社会关系并促进其融入社会吗？吴宗宪的《老年犯罪人社区矫正论》提出了我国老年社区矫正对象不断增多的问题，针对老年社区矫正的实施给出了开展法制教育、针对性教育、分类管理、重视发挥家庭和邻里的教育等建议。① 张娜的《老年犯非监禁执行模式的法理学思考》从法理学角度来分析老年社区矫正理论基础并提出建立针对老年社区矫正对象的看护制度，认为老年犯可以考虑建立类似疗养院、敬老院等方式来代替在监狱内执行刑罚。② 在国内研究中，学界对于老年社区矫正对象社会融入的研究还比较少，其中多数文章是对老年社区矫正进行的理论性阐述，观察性研究文献鲜见。安佳伟的《老年社区矫正服刑人员再社会化的社会工作介入——以齐齐哈尔市 G 社区矫正中心为例》是一篇完全的观察性研究，以齐齐哈尔市 G 社区矫正中心中老年社区矫正对象为研究对象，通过观察性的实地实验，采用个案工作、小组工作、社区工作介入来证明社会支持网络对老年矫正对象再社会化的作用。李三元的《论我国老年社区服刑人员的社区矫正》提出老年社区矫正模式的构

---

① 参见吴宗宪：《老年犯罪人社区矫正论》，载《中国司法》2011 年第 8 期，第 76 ~ 80 页。

② 参见张娜：《老年犯非监禁执行模式的法理学思考》，载《中共山西省直机关党校学报》2012 年第 4 期，第 68 ~ 69 页。

想，认为当前比较成熟的“上海模式”和“北京模式”不太适合于老年社区矫正对象，建议可以通过对这两种模式经验借鉴的基础上，构建一个适合老年社区矫正对象社会融入的新模式。该文重点说明要对老年社区矫正对象进行危险性预测并且设计出一套有效的老年社区矫正对象人身危险性预测体系，研究表明通过构建法院、检察院、司法行政机关、矫正社会组织和志愿者队伍等组成的社会支持网络的介入，达到促进老年矫正对象顺利回归社会的目的。王燕、张晋的《原理与路径：社区矫正服刑人员社会支持实证分析——以江苏省 A 市 C 区为例》这篇文章主要是以问卷调查的形式，对社区矫正对象的社会支持网络形式进行了分析，提出社会支持可以分为以家庭为核心的非正式支持系统、矫正对象自身的社会支持系统以及正式社会支持系统。文中涉及对老年社区矫正对象的数据统计和对老年社区矫正对象社会支持状况展开的实证分析与量化研究。基于社会支持原理，结合社区矫正制度运行现状，以及老年社区矫正对象社会支持获得状况，展开对包括老年社区矫正对象在内的社区矫正对象社会支持体系构建，并提出完善社区矫正对象社会支持网络体系的路径，以回应实践层面的需求，从而更好地实现老年社区矫正对象的社会融入，以此减少再犯罪率①。黎丽娟的《论我国老年犯社区矫正制度》提出制定专门的老年社区矫正法，对老年社区矫正的程序、矫正对象、范围、适用措施、矫正项目加以规定；建立专门的老年犯社区矫正机构，可以在以司法行政机关为基础，以社区学校、养老院、基层管理组织等机构为辅助构

---

① 参见王燕、张晋：《原理与路径：社区矫正服刑人员社会支持实证分析——以江苏省 A 市 C 区为例》，载《青少年犯罪问题》2020 年第 1 期，第 58 ~ 65 页。

建起来;设计出与老年犯自身特点相符的矫正项目并建立相应的监督评估机制①。符慧君的《论我国老年犯的社区矫正》提出老年犯的社区矫正工作要根据老年犯的生理和心理特点以及不同的犯罪类型来进行,采取针对性的措施,将工作重点放在帮助和预防上,进而降低老年犯的犯罪概率②。张慧聪的《论我国老年犯的社区矫正》对老年犯社区矫正的适用提出区分老年犯犯罪类型,建立科学的社区矫正适用评价机制,矫正重点应当集中在监督和预防再犯,突出帮困扶助等建议③。

通过对文献的检索和初步分析可以看出,国内学界关于此问题还未产生系统评价方面的文章,现有研究多是"调查研究"或"定性研究",此一研究领域中仍有诸多值得深入探讨之处。因此,本小节将通过系统评价,对纳入的原始文献进行信度和效度的测评,为促进老年社区矫正对象社会融入提供高级别证据。

三、对象与方法

(一)检索策略

使用计算机检索以下数据库:中国学术期刊 CNKI 数据库、维普中文期刊服务平台、万方数据资源系统、独秀知识库、中国人民大学复印报刊资料数据库。检索时限为:2012～2021 年。

---

① 参见黎丽娟:《论我国老年犯社区矫正制度》,湖南师范大学 2011 年硕士学位论文,第 52～54 页。

② 参见符慧君:《论我国老年犯的社区矫正》,载《法制博览》2017 年第 1 期,第 116～117 页。

③ 参见张慧聪:《论我国老年犯的社区矫正》,载《周口师范学院学报》2013 年第 1 期,第 96～98 页。

检索词主要涉及：社会支持网络、老年人社区矫正对象、社会融入，在检索词的查询中，根据概念的相近性或包含关系将老年人社区矫正对象扩大至老年社区矫正人员、老年社区服刑人员；将社会融入扩大至社会化或再社会化；将社会支持网络扩大至社会支持体系。检索式：(社区支持网络 OR 社会支持体系) AND (老年社区矫正对象 OR 老年社区矫正人员 OR 老年社区服刑人员) AND (社会融入 OR 社会化 OR 再社会化)。

(二) 纳入与排除标准

1. 纳入标准

(1) 采用社会科学研究方法；(2) 案主包括老年人(包括缓刑、假释期接受社区矫正的对象以及管制、暂予监外执行的社区矫正对象)；(3) 结局指标特指：有利于老年社区矫正对象社会融入；(4) 语种为任何一个国家采用中文写作的文献；(5) 公开发表或未公开发表；(6) 发表年限：2012 ~ 2021 年①；(7) 将社会支持网络作为老年社区矫正对象社会融入最重要的支持系统；(8) 采用定量研究、观察性研究和定性研究。经过筛选，共有 3 篇文章符合条件。

2. 排除标准

(1) 排除主题与老年社区矫正对象社会融入无关的研究；(2) 排除纯理论研究及不能提供有效实证信息的研究；(3) 排除目的涉及提高监狱管理水平的研究；(4) 排除通过多种数据库查找的重复研究；(5) 排除联系研究者但无法得到相关数据的

---

① 《社区矫正法实施办法》是我国《社区矫正法》颁行之前社区矫正领域重要的规范性文件，故本研究选择将 2012 年 3 月 1 日，即《社区矫正法实施办法》实施之日作为纳入文献的起始发表期限。

研究;(6)排除多种干预措施重叠的研究。

(三)研究的质量评价

鉴于干预措施与结论异质性较强,本研究运用限制偏倚的策略对所纳入的文章进行严格的系统评价,评价方式主要以观察性研究质量评价工具(STROBE 声明)和定性研究质量评价工具(CASP 清单)为主。

观察性研究质量评价工具(STROBE 声明)的评测项目主要有 22 个:题目和摘要(题目和摘要是否用专业术语表示研究设计)、背景和合理性(是否对研究背景和原理进行解释)、研究目标(任何预先确定的假设是否详细指明人群、暴露和结局等)、研究设计(是否写明研究设计的要素)、研究现场(是否清楚描写研究现场、具体场所和相关时间)、研究对象(队列研究是否描述研究对象的入选标准、来源和方法,描述随访方法等)、研究变量(是否明确界定结局指标、暴露因素、预测指标、潜在混杂因素及效应修饰因子,如有可能应给出诊断标准)、资料来源与评估(是否描述每一研究变量的数据来源和详细的测定、评估方法等)、偏倚(是否描述潜在的偏倚及消除方法)、样本量(是否描述样本量的确定方法)、定量指标(是否解释定量指标的分析方法,如有可能应描述如何选择分组及其原因)、统计学方法(a. 描述所用统计学方法,包括控制混杂因素的方法;b. 描述亚组分析和交互作用所用方法;c. 描述缺失值的处理方法;d. 描述敏感度分析)、研究对象(a. 详细报告各研究阶段中研究对象的数量;b. 描述各阶段研究对象未能参与的原因,帮助读者判断研究人群是否代表目标人群,是否产生偏倚例)、描述性资料(a. 描述性资料是否描述研究对象的特征以及暴露因素和潜在混杂因素的信息;b. 描述各相关变量有缺失值的研究对象数量;c. 队列研究描述随访时间)、结局资料(a. 报告结局发生事件或暴露类别的数量 b. 队列报告研究发生结局的数量等)、主要结果(是否给出未校正和校正混杂因素的关联强度估计值、精确度等)、其他分析(有无报告其他分析结果)、重要结果(是否概括研究假设的重要结果)、局限性(是否结合潜在的偏差和误差来源,讨论研究的局限性及潜在偏倚方向和大小)、解释(是否结合研究目的、局限性、多因素分析和其他相关证据解释结果)、可推广性(讨论研究结果是否具有普适性和可推广性)、资助(是否写明研究的资金来源和资助者)。由此,对观察性文献进行评分,评分标准为:"是"计 1 分,"不清楚"计 2 分,"否"计 3 分。总得分分为三个类型,分别代表不同的风险水平:22 ~ 36 分为低风险,37 ~ 51 分为中风险,52 ~ 66 分为高风险。

定性研究质量评价工具(CASP 清单)的评测项目有 10 个:研究目的(是否清楚研究的目的)、研究方法(应用定性研究的方法是否恰当)、研究设计(是否适合于解决研究目的)、抽样(研究对象的招募策略是否恰当)、资料收集(能否解决研究问题)、研究者反思(是否反思了研究中可能存在的不足)、伦理学问题(是否充分考虑了伦理学问题)、资料分析(资料分析是否足够严谨)、研究结果(是否清楚了介绍研究结果)、研究价值(研究有多大价值)。通过 10 个维度对定性研究的文章进行评分,评分标准为:"是"计 1 分,"不清楚"计 2 分,"否"计 3 分。总得分分为三个类型,分别代表不同的风险水平:10 ~ 16 分为低风险,17 ~ 23 分为中风险,24 ~ 30 分为高风险。

四、研究结果

(一)纳入过程

由两名评价者根据纳入排除标准独立检索筛选文献,阅读题目、摘要和全文,共纳入3篇文献(如图3－7－1所示)。

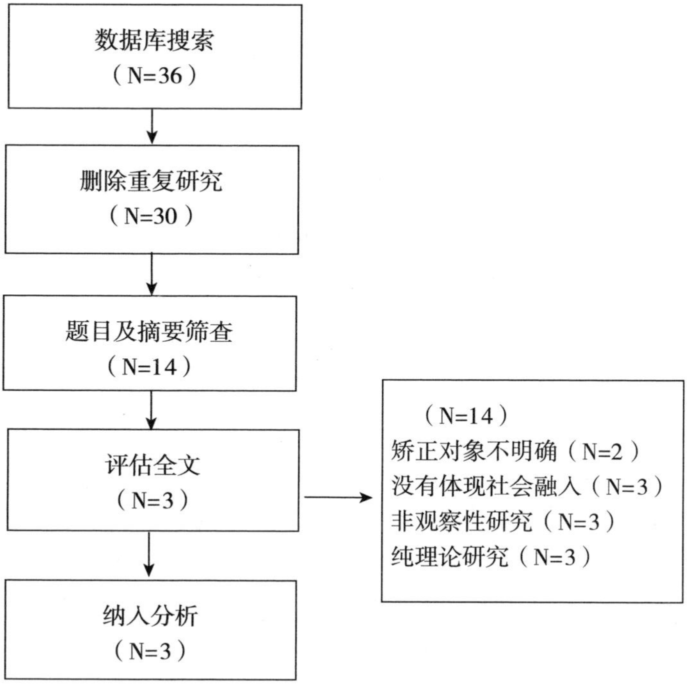

图3－7－1　纳入过程分析图

(二)纳入研究情况

一共纳入1篇观察性研究,2篇定性研究,从纳入的研究对象上看,针对暴力等不同犯罪类型,缓刑、管制等不同刑罚类型的老年社区矫正对象。从犯罪类型上看,有1篇文章是主要集中在“强奸、猥亵、抢劫、盗窃、诈骗、传销”等，其中老年人实施的财产犯罪比重很大，其余 2 篇文章均是针对所有犯罪类型进行的矫正。从刑罚的类型来看，有 2 篇文章是对老年社区矫正对象回归社会、融入社会的社会支持网络进行分析，另 1 篇文章针对所有社区矫正对象，但是其中对涉及老年社区矫正对象社会融入的部分进行分析。从矫正区域上看，有 1 篇文章是针对齐齐哈尔市 G 社区矫正中心进行的观察性研究，有 1 篇文章是对江苏省 A 市 C 区社区矫正区域进行的分析，另 1 篇文章没有表明具体的矫正区域。

从社会支持网络构成方面来看，主要有非正式的社会支持网络、自身社会支持网络和正式的社会支持网络三方面，社会工作介入方法主要是采用个案工作、小组工作、社区社会工作等方法。就老年社区矫正对象社会支持网络构建而言，学者主张通过法院、检察院、司法行政机关、矫正社会组织和志愿者队伍构建社会支持网络。

从纳入研究的文献选取时间上看，研究选取的是近十年(2012～2021 年)的文章进行分析。在纳入的 1 篇观察性文章中，其表明实验观察周期为 1 个月，在 1 篇定性文章中，采取了调查问卷等统计方式进行实证数据分析，另 1 篇定性文章中，作者对已有两种社区矫正模式进行分析。

(三)纳入文献的质量分析

通过观察性研究质量评价工具(STROBE 声明)和定性研究质量评价工具(CASP 清单)“背对背”分别对纳入文章进行信度质量分析，如遇分歧，通过讨论或第三方解决存在的争议。3 篇文章均为 2010 年之后的研究，经过系统评分其中有 2 篇为低等偏倚风险，1 篇为中等偏倚风险，偏倚风险越低表示原始研究的可信度越高，偏倚风险越高则说明原始研究的可信度越低，若纳入文献的信度质量评级为最高，则其并不具备参考价值。

《老年社区矫正服刑人员再社会化的社会工作介入——以齐齐哈尔市 G 社区矫正中心为例》这 1 篇观察性研究文献中，该研究以实地调查法等方式对齐齐哈尔市 G 社区矫正中心老年社区矫正对象进行资料收集，从多个维度分析齐齐哈尔市 G 社区矫正中心中老年社区矫正对象的社会融入问题，并对其进行了社会支持介入的观察实验，本篇文章具备一定的推广意义，具有一定的参考价值，通过 STROBE 声明评分为低等风险。

在 2 篇定性研究的文献中，《原理与路径：社区矫正服刑人员社会支持实证分析——以江苏省 A 市 C 区为例》主要对调查问卷统计数据进行梳理，对社会支持促进老年社区矫正对象社会融入的效用进行实证分析，并且将社会支持网络划分为非正式社会支持网络和正式社会支持网络，论述其理论意义与实践意义。该篇文献研究目的明确，研究方法得当。但因其不是将老年社区矫正对象作为唯一研究对象，故在以老年社区矫正对象社会融入为研究对象的系统评价中，被评级为中等风险（CASP 清单评分）；《论我国老年社区服刑人员的社区矫正》主要对现有的社区矫正“北京模式”和“上海模式”进行分析，再根据老年社区矫正对象的特殊性，提出构建老年社区矫正模式的建议，在 CASP 清单评分中为低等风险。

（四）效果分析

本节纳入的 3 篇原始研究均对促进老年社区矫正对象社会融入的社会支持网络展开分析（见表 3 - 7 - 1），从研究质量上看，1 项研究为中风险，2 项研究为低风险；从研究结果上看，3 项研究结果均具有显著性。总体而言，3 篇原始研究证明通过社会支持网络构建，可以让老年社区矫正对象在社会人际交往之中获取情感和物质支持，有助于缓解老年矫正对象的负面心理情绪，促进其融入社会，减少再犯率。从具体干预效果来看：

首先，社工介入（超过1个月）并积极发挥自身优势，网络社会资源为老年社区矫正对象提供社会支持，对促进老年社区矫正对象的社会融入有较为显著的效果。观察性研究实验为期1个月，这1个月的实验记录说明社会支持对老年社区矫正对象社会融入有明显效果。例如，通过个案工作计划、小组工作计划、社区服务计划对老年社区矫正对象进行观察记录，结果显示，坚持1个月或1个月以上接受帮扶的老年社区矫正对象回归社会的程度明显提高。

其次，社会支持网络应由家庭、邻里、社区、志愿者队伍、矫正社会组织以及法院、检察院、司法行政机关等组成。同时，社工也应属于老年社区矫正对象社会支持网络中的重要组成部分。本文纳入的3篇文献中，有一篇采用了社会支持网络和社会工作实务相结合的方法，取得较好的矫正效果。

表3-7-1　纳入研究的显著性特征表

作者	时间（年）	国家	风险	促进社会化	针对群体
安佳伟	2019	中国	低	Y	老年社区矫正对象
李三元	2014	中国	低	Y	老年社区矫正对象
王燕、张晋	2019	中国	中	Y	老年社区矫正对象①

① 该文献研究对象呈现多元化特征，笔者对其中涉及老年社区矫正对象的研究部分进行了分析。——笔者注

五、讨论

本次共纳入3篇原始文献,其结局指标均表明:社会支持网络有利于促进老年社区矫正对象社会融入。并且经过观察性质量评价工具(STROBE声明)和定性质量评价工具(CASP清单)测评后,其研究可靠程度均较高(2篇低等风险,1篇中等风险),表明研究结论具有一定的参考价值,即构建由家庭、邻里、社区、志愿者队伍、矫正社会组织以及法院、检察院、司法行政机关等组成社会支持网络对于老年社区矫正对象的社会融入起到了较大的促进作用。

由于检索到的可用性文章较少,因此纳入文献数量偏少。同时,囿于受笔者英语水平所限,本节在进行资料检索时,并未对英文的文献进行检索,在一定程度上影响系统评价的严谨性。但由于政治、经济及社会环境存在较大差异,在社会支持网络构建研究中的国外成果需要审慎借鉴,我国老年社区矫正对象的社会支持网络还需体现"中国特色"及"中国优势"。

上述对本次系统评价之不足的分析归纳,值得后续的研究注意,同时提示需要更多有关社区矫正的实证研究或项目试点,以保证实验结果、干预效果的准确性和严谨性。未来的原始研究需要更详细描述社会支持网络的项目细节,例如,社区的选定、矫正方案的制订、项目参与者及志愿者的选择和培训情况、项目开展过程中所遇问题的解决措施等一系列细节。同时,此次系统评价中对原始研究的文献搜集结果也显示出学界应该对老年社区矫正对象给予足够的重视,针对老年社区矫正对象的高质量研究还有待进一步产生。

六、思考

传统矫正范式下,一部分矫正措施存在无效性或无法证明其有效性,同时,司法部门投入的公共资源在某种程度上也未产生预期的效果。如前所述,循证矫正旨在寻求能实现最佳矫正效果的“证据”,在一定程度上弥补传统矫正范式的不足。从理论研究的结论演化为具体的实践对策得益于循证研究结果的转化、应用与推广。针对循证研究结论的实践运用,笔者从跨学科视角提出以下建议:

1. 加大老年社区矫正工作法治化力度

老年社区矫正对象是社区矫正中的特殊群体,而我国现行法律法规没有给予足够的关注。随着我国人口老龄化程度的加深,老年社区矫正对象人数不断增加,为了更好地实现社区矫正制度设立的初衷,注重教化大于刑罚的价值,让罪行较轻、危害性不大的老年社区矫正对象可以得到良好的心理干预、行为矫正和思想改造后重新融入社会,作为一个法治国家,有必要在完善的法律制度框架下更好地实现对老年社区矫正对象的教育和帮扶。而我国《社区矫正法》及《社区矫正法实施办法》均未对老年社区矫正对象予以特殊规定,与未成年社区矫正对象相比,老年社区矫正对象的矫正“法治化”程度有待进一步提高。

2. 提高矫正社工专业化水平

《社区矫正法》第11条规定,社区矫正机构根据需要,组织具有法律、教育、心理、社会工作等专业知识或者实践经验的社会工作者开展社区矫正相关工作。在实施老年社区矫正的过程中,会涉及法律、社会学以及心理学等方面的问题,这对社区矫正相关工作人员提出了很高的要求。前述,社会支持网络应由家庭、邻里、社区、志愿者队伍、矫正社会组织以及法院、检察院、司法行政机关等组成。其中,社会工作者是社区矫正工作者队伍中的辅助力量,也应属于老年社区矫正对象社会支持网络中的重要组成部分。既有研究已经证明了坚持1个月或1个月以上接受社工介入帮扶的老年社区矫正对象回归社会的程度明显提高,说明坚持较长时期的司法社工介入,有利于促进老年社区矫正对象的社会融入。但我国目前的矫正工作还不够专业,特别是缺乏专业化、职业化的矫正社工队伍。首先,政府应加大对建设专职社工人才队伍的资金资源投入力度。以四川省为例,省财政厅、司法厅《关于进一步加强社区矫正经费保障工作的意见》,要求县(市、区)司法行政部门按每人每年不低于1400元的标准保障落实社区矫正经费,各地应将社区矫正经费列入同级财政预算予以保障。根据《社区矫正法》第11条的规定,社区矫正机构根据需要,组织具有法律、教育、心理、社会工作等专业知识或者实践经验的社会工作者开展社区矫正相关工作。但在社区矫正机构及司法所工作的社会工作者并未纳入国家行政编制,并不是专门国家工作人员,其薪酬需要从1400元/人/年的社区矫正经费开支。而1400元/人/年的社区矫正经费显然不足以较为合理地支付社会工作者的工资薪金及“五险一金”,司法社工待遇普遍偏低,导致人才流失。只有前景、薪资、办公资源等方面有了保障,才能提升矫正社工的工作积极性,提高社会工作专业的吸引力,从而为司法社会工作行业增添新的活力。其次,规范社会工作行业的准入制度,健全职业资格制度,明确专职司法社工岗位的设置,从而改善社会工作专业性弱、分工混乱、效率低下等问题,推进司法社会工作的职业化发展。最后,定期对在职专业社工展开全面的法律法规教育,同时结合教育学、行为学以及心理学等诸多领域的专业培训，设置职业水平评价体系，保证矫正社工的服务质量和业务水平，以适应矫正领域社会工作的需求①。

3. 通过意定监护制度为老年社区矫正对象寻找合适监护人，作为社会支持网络的重要组成部分

《刑事诉讼法》第 265 条明确规定，对被判处有期徒刑或者拘役的罪犯，有下列情形之一的，可以暂予监外执行：(1)罪犯有严重疾病需保外就医。(2)罪犯怀孕或者正在哺乳自己的婴儿。(3)罪犯生活不能自理，适用暂予监外执行不致危害社会。老年社区矫正对象中患有严重疾病或生活不能自理者比例较其他社区矫正群体更大。此外，智能技术的高速发展给老年人制造了智能屏障，其矛盾也在社区矫正工作中有所体现。我国正在开展智慧矫正建设，致力于将现代科技手段与社区矫正工作相结合，打造“执法规范化、教育多样化、监管精准化”的社区矫正智慧化管理新模式。但据中国互联网网络中心发布的第 47 次《中国互联网发展状况统计报告》显示，截至 2020 年 12 月我国“银发网民”仅有 6000 余万人，简言之，几乎 3/4 的老年人不能熟练使用手机，这意味大部分老年人被隔绝在互联网外。接受社区矫正的老年人往往是老年群体中受教育程度、文化素质较低的群体，而电子签到、公益劳动清单网络发布和网络申请、心理矫正网上预约、法治教育网络视频播放等新举措无疑成为阻碍老年社区矫正对象参与矫正、融入正常社会的“数字鸿沟”。

因此，充分尊重老年社区矫正对象适应能力渐进性退化的

① 参见安佳伟：《老年社区矫正服刑人员再社会化的社会工作介入》，东北石油大学 2019 年硕士学位论文，第 46 页。

客观规律，帮助能力逐渐衰退的老年社区矫正对象寻找合格监护人尤为必要。老年人的监护人通常由有监护权的人协商或特定组织指定产生，但司法实践的案件裁判情况反映出在实际监护中，对能力欠缺者财产的侵吞或人身的侵害多发生在与其关系亲密者中——加害人通常是其家庭成员或照管人，使监护制度流于形式。[①]《民法典》在原有法定监护及指定监护的基础上，以基本法的形式规定了意定监护制度，意定监护制度的确立使得监护人的范围扩大至本人所信任的任何自然人或组织。针对上述老年社区矫正中的困境，若其家庭成员或照管人无法履行监护责任致使老年社区矫正工作无法顺利进行，则有必要通过意定监护制度帮助老年社区矫正对象寻找合适监护人。那么，谁又监督意定监护人义务履行的情况呢？《民法典》第36条虽然规定民政部门代表公权力，在监护制度运行中发挥"全面监督"与"最后防线"的作用，强化监护监督中的政府职能，但未指明专门的监护监督机关，立法也缺乏相应的监护监督机制，导致监护监督职权难以实现[②]。目前，每个社区矫正机构几乎都配备了专职社会工作者，他们既了解老年社区矫正对象的身心状况，又熟悉社区矫正的法定程序，由司法社工参与老年社区矫正对象意定监护的直接监督，可以防止监护人怠于或滥用监护权。

4. 通过循证实践设计个别化矫正方案

在此领域开展循证实践应选择有较高试点价值的社区，根据每一个老年社区矫正对象的具体状况及周边环境设计差异化

---

① 参见陈珊：《公证参与老年意定监护的功能耦合与制度接驳》，载《贵州社会科学》2020年第4期，第80～87页。

② 参见陈运生、曾庆群：《论我国未来民法典监护制度的完善》，载《中南民族学院学报（哲学与社会科学版）》1995年第6期，第15～19页。

的矫正方案作为基础性方案并建立起科学的评估与反馈体系，注重结果的有效性。在矫正过程中，社区矫正工作者还应当根据矫正方案实施情况、社区服刑人员行为与心理变化等，对矫正方案进一步优化，而优化的实证依据、内容、目标与实践情况均通过数据库留证、共享，并为下一次循证研究提供实证材料。

第二节 实现青少年社区矫正对象分类矫正的循证研究

一、未成年社区服刑人员心理矫正机制构建：基于循证系统评价的分析

近年来，未成年人犯罪已经成为全球性的“社会痼疾”，犯罪行为是不良心理的外化体现，作为社区服刑人员心理矫正重要手段的心理干预对矫正未成年人犯罪心理、预防再次犯罪具有重要价值。大量研究表明，在社区环境中，针对未成年服刑人员的心理矫正通常是价值驱动的，建立在主观的信念和零散的经验事实上，往往缺少关于矫正效果的证据，难以实现矫正预期效果。究竟哪种心理干预措施对降低社区服刑人员再犯罪率最为有效，目前，学界及实务界仍然没有达成共识。有鉴于此，本研究通过 Meta 分析产生的系统评价结论为未成年社区服刑人员的心理干预提供科学证据，并希望通过完善社区矫正法制建设，构建科学的心理评估与精准矫正机制、持续性干预的经费激励机制、多方社会力量协同的参与机制等未成年人犯罪心理矫正机制，将研究证据广泛应用和推广至社区矫正司法实践，提高

未成年社区服刑人员心理矫正的科学性。

社区矫正是一种将“越轨”者置于熟悉的社区中，有机结合其身边环境中的社会支持系统及控制力量，帮助其实现较为有效的观念及行为方面的转变，促使其回归社会和家庭的非监禁刑罚方式。降低社区服刑人员再犯率既是刑罚执行的底线要求，也是检验社区矫正成效的首要标准。但既有社区矫正模式仅偏重对社会关系的外在修复，主要采用思想汇报、公益劳动、法制教育、社会公德教育、技能培训、推荐就业、解决“低保”待遇等方式进行[①]。由于缺乏对犯罪心理与再犯率之间关联性的系统认知，及对未成年社区服刑人员犯罪心理的内在审视，导致心理矫正标准混乱、项目单一、形式虚化、实效性较差。近年来，随着宽严相济刑事政策的深入贯彻，未成年社区服刑人员数量快速增长，引发对于传统社区矫正模式的反思与改革。如何在“教育、感化、挽救”方针指导下，实施精准心理矫正，缓解心理危机，降低未成年人再犯罪风险并帮助其顺利回归社会，值得进一步研究。

（一）问题提出：涉罪未成年人的心理矫正需求

为了解未成年社区服刑人员的心理状态及矫正需求，笔者通过 S 省 C 市、D 市社工机构向未成年社区服刑人员进行了“未成年社区服刑人员心理矫正需求问卷调查”。通过对未成年社区服刑人员展开问卷调查[②]的数据分析发现：在“矫正期间

---

① 参见雷小政：《涉罪未成年人心理辅导与矫治机制改革》，载《中国刑事法杂志》2014 年第 1 期，第84 ~92 页。

② 通过 S 省 C 市、D 市社工机构向未成年社区服刑人员发放问卷 63 份，最终收回 61 份，收回问卷全部有效。问卷设置问题 10 个，其中 3 个问题与本研究主题直接相关。

您遭遇的最大困难是”一项设问中,25%的受访者选择“心理难以适应”;在“您最乐意接受的矫正措施”一项设问中,75%的受访者比较愿意接受方式温和、注重隐私、纾解心情的矫正措施,其中30%的受访者乐于接受“个别心理谈话”,30%的受访者喜欢“心理辅导”;在“您目前最需要的帮助”一项设问中,15%的受访者认为目前最需要的帮助是“帮助自己改变认知错误”,10%的受访者想得到“人生观与价值观”的指导。

涉罪未成年人犯罪心理的形成固然与其家庭结构、成长经历、教育背景、药物使用情况等相关,但究其本质却是其心理偏差、人生观价值观偏移所致,未成年犯罪是未成年人心理障碍、人格扭曲、价值被摧毁的后果,进而严重阻碍其社会化进程,甚至出现“恶逆变”。同时,由于经历高压、紧张、强制的刑事司法活动,在社区服刑的未成年人往往还会出现恐慌、抑郁等其他心理问题。教育刑罚理论认为未成年犯罪是一个动态的过程,主张刑罚最重要的目的是通过教育改造犯罪人,而不是对犯罪人实行报复。未成年人在成长过程中所体现的动态发展过程显示出通过心理干预可以改变其反社会的性格趋向从而引导其回归社会。无论从保护抑或预防的视角,加强对未成年社区服刑人员心理矫正均具有重要现实意义。

(二)循证进路:心理干预对社区矫正有效性的系统评价

现行心理矫正由于缺乏统一标准和明确规范,导致项目单一、形式虚化、实效性较差。而学术界的相关研究多是“调查研究”或“定性研究”,未有通过循证系统评价产生的定量研究。究竟哪种心理干预措施对降低社区服刑人员再犯罪率是有效的?目前,在法学、精神健康和司法社会工作领域,仍然没有达成共识。为此,本研究希望借助循证研究方法,通过重新评估心理干预对降低未成年社区服刑人员再犯率的有效性，为提高社区矫正质量，减少未成年社区服刑人员重新犯罪提供理论依据，也为司法工作者和其他专业人员开展对社区服刑人员的心理矫正实践提供启示。

1. 研究方法

系统评价是循证研究的必要过程，属于一种对原始文献的二次研究方法，其中的 Meta 分析（元分析）是系统评价的重要方式，是指将针对某一具体问题的所有相关研究，运用限制偏倚的策略进行严格评价和统计分析，对研究结果间差异的来源进行检验，并对具有足够相似性的各单独研究结果进行定量合成的研究方法①，运用 Meta 分析能综合多个量化研究的结论，其产生的系统评价是循证研究中最高级别的证据。

循证研究最早产生于医学，受交叉研究范式的兴起，循证研究于 21 世纪初逐渐在法律领域取得普遍认可及采纳。“循证犯罪预防”（Evidence – Based Crime Prevention，EBCP）这种研究方法在西方国家刑事司法领域中较为普及，而后为我国法学研究者所接受。本节运用循证研究中的 Meta 分析，致力于评价认知行为治疗对降低社区服刑人员再犯率的有效性，为在社区环境中对未成年服刑人员进行心理矫正提供科学证据。

2. 数据来源

（1）纳入标准及排除标准

根据干预性问题应具备的要素原则，本次系统评价的纳入及排除标准如下。

纳入标准：①研究类型。随机对照试验，语种为中英文。

---

① Porta. M，*A Dictionary of Epidemiology*，Oxford University Press，2008.

②研究对象。未成年及成年[①]社区服刑人员。③干预措施。认知行为治疗。④结局指标:根据认知行为治疗方法的基本原理,评价结局指标指向降低再犯率或者减少累犯。

排除标准:①排除监禁矫正与社区矫正的直接对照研究;②排除非实证研究;③排除联系研究者但无法得到相关数据的研究;④排除多种干预措施重叠的研究。

(2)文献检索策略

使用计算机检索以下数据库:中国学术期刊CNKI、Cochrane Library等16个数据库。检索时限为2000~2016年。中文检索词包括认知行为治疗、社区矫正/非监禁刑、再犯率/重新犯罪率。英文检索词包括CBT/ Cognitive - behavioral Therapy、Community correction/supervision、recidivism/recommit/recommittal/reoffending。

(3)文献筛选与质量控制

由两名评价者[②]按照Cochrane Handbook 5.1.0[③]"背对背"评价纳入研究质量。如遇分歧,通过讨论或请第三方解决存在的争议。Cochrane Hanbook 5.1.0中的风险评估工具测评六个方面:选择偏移(是否按随机序列和分配隐藏进行选择)、实施偏移(是否按盲法进行施测)、测量偏移(是否按盲法进行测量)、数据偏移(数据是否完整)、发表偏移(分析是否全面)、其

① 通过对文献初次检索,未能发现符合纳入标准(针对未成年社区服刑人员的心理治疗,研究类型为随机对照试验,结局指标指向再犯率降低)的文献,无法展开Meta分析,于是扩大研究对象至成年人。

② 文献筛选与质量控制由笔者与研究生(助研)共同完成。

③ Higgins, J. P & Green S, *Cochrane Handbook for Systematic Reviews of Interventions Version* 5.1.0, The Cochrane Collaboration, 2011. Available from: http://handbook.cochrane.org/.

他偏移。均采用0～2级计分，回答"否"为高度偏移风险，计0分；回答"不清楚"为偏移风险不确定，计1分；回答"是"为低度偏移风险，计2分。依照以上六个方面评价研究整体，并基于各项得分将研究质量从高到低分为3个等级：总分9～12分为低度偏移（高质量研究）；总分5～8分为中度偏移（中等质量研究）；总分0～4分为高度偏移（低质量研究）。

（4）数据提取

按照系统评价数据提取表进行资料提取。提取的主要资料包括研究的基本情况（定量研究、质性研究）、研究设计（心理干预实验设计）、干预措施（认知行为治疗法）、对照措施（与其他心理矫正方法组对照或与空白组对照）、结果测量指标（再犯率降低）、随访时间等。

（5）统计分析与数据合成

采用RenMan5.3软件进行Meta分析。通过卡方检验来确定研究结果间是否存在统计异质性，若$P \geq 0.1$，$I2 < 50\%$则认为多个同类研究具有同质性，选用固定效应模型进行Meta分析；相反，则选择随机效应模型统计分析。对于连续性变量，采用加权均数差（MD）为效应分析统计量；对于二分类变量，则采用相对危险度（RR）[①]为效应分析统计量。

3. 结果与分析

（1）文献检索结果

按照以上文献检索策略检索中英文数据库，共检索出76条文献和研究资料。根据纳入排除标准，系统阅读文献题目和摘

---

① 相对危险度（Relative Risk，RR）也称相对危险比（Risk Ratio，RR），是指暴露组中发生结局的频率除以非暴露组中结局的频率，是前瞻性研究中比较常见的指标。

要后排除55条记录，剩余21条记录。剔除其中的重复文献2篇后获得文献19篇。阅读全文后排除未采取随机对照试验的文献15篇，共纳入文献4篇，均为英文文献，中文文献未能发现。

（2）纳入研究的基本特征

纳入的4篇研究共6958例研究对象，干预组均采用认识行为疗法，对照组均为空白对照（见表3－7－2）。

表3－7－2 “认知行为治疗对降低社区服刑人员再犯率有效性”纳入研究基本特征表

作者	国家	研究对象	干预措施	对照措施	主要测量结局	干预时间
Aytes K E,2001	美国	633例 性犯罪缓刑罪犯	CBT	空白组	再犯率	2～3年
C. R. Hollin,2008	英国	4935例 缓刑罪犯	CBT	空白组	再犯率	17个月
Jordan Hyatt,2013	美国	904例 高风险男性罪犯	CBT	空白组	再犯率	12个月
T P. Quinn, 2015	美国	486例 醉驾肇事罪犯	CBT	空白组	再犯率	16周

从实验组与控制组的独立对比中研究认知行为治疗的具体类型和数量（见表3－7－3）。

表3－7－3 纳入研究的认知行为治疗子项目统计

项　　目	采纳该项目的原始研究总数（个）
社会技能拓展训练	2
问题解决技能训练	4
社会交流技能训练	2

续表

项　　目	采纳该项目的原始研究总数(个)
集中学习	4
自控力训练	3
情绪管理训练	4
预防复发训练	2
协商技能训练	3
自信重塑训练	1
放松训练	2

(3)纳入研究的质量评价

4篇纳入研究根据 Cochrane Handbook 随机对照试验方法学质量评价标准进行质量评价(见表3-7-4)。

表3-7-4 "认知行为治疗对降低社区服刑人员再犯率有效性"纳入研究质量评价表

纳入研究	随机序列	分配隐藏	盲法	数据完整性	分析全面性	其他偏倚	质量评价
Aytes K E,2001	1	1	1	1	2	1	中风险
Clive R. Hollin,2008	2	1	1	2	2	2	低风险
Jordan Hyatt,2013	2	1	1	2	2	2	低风险
Thomas P. Quinn, 2015	2	1	2	2	2	2	低风险

(4)Meta 分析结果

4篇运用认知行为疗法对比空白组开展社区矫正的随机对照实验研究中,均评价了认知行为疗法对降低再犯率的影响。因以上研究均使用二分类变量,测量工具相同,故采用相对危险度(Risk Ratio,RR)为效应分析统计量。结果如下:RR = 1.31,95% CI(1.00,1.71)P = 0.005(如图3-7-2所示),针对再犯率降低,认知行为治疗实验组对比对照组的差异具有统计学意义。

Study or Subgroup	Experimental Events	Experimental Total	Control Events	Control Total	Weight	Risk Ratio M-H, Random, 95% CI
Aytes K E，2001	158	170	69	89	24.6%	1.20 [1.06, 1.35]
Clive R. Hollin，2008	455	700	968	2749	25.4%	1.85 [1.71, 1.99]
Jordan Hyatt，2013	302	457	266	447	24.9%	1.11 [1.00, 1.23]
Thomas P. Quinn，2015	255	286	150	200	25.1%	1.19 [1.09, 1.30]
Total (95% CI)		1613		3485	100.0%	1.31 [1.00, 1.71]
Total events	1170		1453			

Heterogeneity: $Tau^2 = 0.07$; $Chi^2 = 95.52$, $df = 3$ ($P < 0.00001$); $I^2 = 97\%$

Test for overall effect: $Z = 2.00$ ($P = 0.05$)

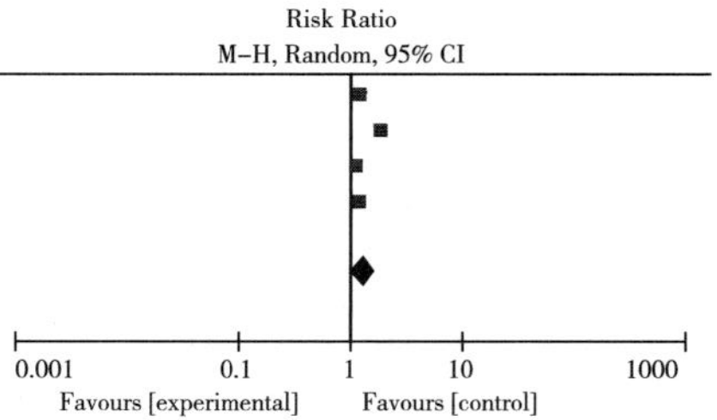

注：Experimental，试验组；Control，对照组；Events，成功的人数；Total，总人数；Weight，每一项研究中参与人数所占总人数的比重；Risk Ratio，认知行为治疗后试验组与对照组的风险比。

图3-7-2　认知行为治疗后两组再犯率统计的Meta分析森林图

（三）证据获取

上述研究结果显示，对比空白组，认知行为治疗对降低社区服刑人员再犯率是有积极意义的，同时印证了先前的假设观点，即相对于正式机构，认知行为治疗在社区环境中开展的疗效更好①。同时，上述循证实效也为我们了解心理干预在社区矫正方面的证据现状提供了一个好方法，为未来的服务和研究提供启示。

首先，认知行为治疗中的“问题解决技能训练”“集中学习”“情绪管理训练”3 个具体治疗方法对于再犯率降低有显著效果。在本次系统评价纳入的 4 篇原始研究中，此 3 个子项目治疗方式被多次采用（见表 3 – 7 – 3），且相关的研究多为风险偏移较低的高质量研究（见表 3 – 7 – 4），可以认为 3 个子项目的有效性得到一定程度的证实。

其次，长期持续性的心理治疗对于再犯率降低有显著效果。本次系统评价纳入的 4 篇原始研究中，3/4 的心理治疗时间均高于 12 个月，并取得明显效果。经过 6 个月的心理治疗，社区矫正人员表现出物理攻击以及心理攻击行为的显著减少，自我损害的行为同样减少，建立起抵御共犯伙伴侵略和“邀约”的自尊，且在避免语言攻击谈判策略和自我效能感增加方面效果明显。在采用分段档案管理的研究中，坚持 12 个月以上的心理治

---

① 持此观点的学者主要有：Izzo & Ross（1990），Andrews（1998），Pearson（2002）。See Izzo，R. L. & Ross，R. R，*Meta – analysis of rehabilitation programs for juvenile delinquents*，Criminal Justice and Behavior，p. 134 – 142（1990）. Andrews，D. A. & Bonta，J. *The psychology of criminal conduct*，Cincinnati，OH：Anderson，1998. Frank S，Pearson Douglas S & Lipton Charles M，et al. ，T*he Effects of Behavioral/Cognitive – Behavioral Programs on Recidivism*，Crime & Amp Delinquency，July 1，2002。

疗接受者的再犯率远低于半途放弃者和拒绝接受者。

二、现状描绘:未成年社区服刑人员心理矫正实施情况

《未成年人保护法》、《社区矫正实施办法》、最高人民法院《关于审理未成年人刑事案件具体应用法律若干问题的解释》等一系列规范性文件明确指出,在处理未成年人案件时,应当考虑未成年人的“生理和心理特点”,“有针对性地进行个别教育和心理辅导”,为未成年社区服刑人员的心理矫正工作开展提供了现实依据。但是,在心理矫正领域,由于相关制度体系及配套体制尚未构建且标准规范缺失,导致项目单一、形式虚化、标准化水平及运行实效性较差。

(一)社会认知度较低

社区矫正引入国内时间较短,目前大多数民众对其所知甚少,心理矫正作为社区矫正的重要方式之一,受到抵触与排斥。心理学是自然科学与社会科学交叉研究的领域,也是实践性很强的应用型学科。心理矫正相较其他社区矫正方式的优势在于,引入医学模式,不仅效果积极且更为人道。在心理治疗方式上,“医学意义上的心理治疗”与“社会意义上的心理辅导与矫治”存在较大差异。但社会公众往往将心理矫正狭隘的定位为“纯粹的医学问题”,因此产生对心理矫正的排斥感。

(二)保障力度较低

首先,在职能分工越来越细化和专业化的格局下,司法行政机关及社区矫正机构分别作为社区矫正的管理指导与组织实施机关,不可能专职于社区矫正的心理干预。心理矫正是系统工程,需要司法行政机关、社区矫正机构、教育部门、共青团、未保委及居委会、村委会、社工机构等部门、组织和志愿者的共同参

与,但目前看来社会参与度远远不够,主动性和积极性仍有待加强。其次,许多未成年社区服刑人员心理矫正项目由于资金短缺,运行艰难,仅能提供最低限度的心理咨询服务。例如,目前成都市"新空间青少年发展中心"等公益组织在与官方合作过程中,出于其公益性质只是采取了象征性收费,然而当心理矫正成为一项制度长期开展时,必然出现经费短缺等问题。由于人员编制、财政支持等方面的困难,心理矫正往往交由小型非营利机构运作,心理矫正计划不仅数量少,而且缺乏针对性、策略性,即使发现社区矫正服刑人员有严重的心理问题,也往往无从矫正。

（三）专业化程度较低

已有研究发现,目前在涉罪未成年人心理辅导及干预领域内,一些地区开始尝试聘请专业心理咨询师或获得心理咨询师资格证书的社会工作者开展专业服务,但由于经费的有限性,引入的心理咨询多具有公益性,难以吸引更多的专职心理咨询师参与项目。公益性心理咨询师多安排在周末以"坐堂问诊"的形式进行简单的心理咨询,类似"在内科看感冒"。涉罪未成年人很难把心理世界在短时间内真实地、完全地展现给这些咨询师。[①] 多数地区的情况是,由于缺乏开展心理矫正的专业型人才,这些地区仍由办案人员、公益性岗位人员兼职进行心理治疗。未成年人身心、角色、地位等都具有特殊性,"社区矫正官"囿于自己的业务职能和社会角色,常常难以对进入社区矫正阶段的涉罪未成年人开展系统、全面、有效的心理矫正,方式和程

① 参见雷小政:《涉罪未成年人心理辅导与矫治机制改革》,载《中国刑事法杂志》2014 年第 1 期,第 84 ~ 92 页。

序均缺乏科学性，使心理矫正流于形式。

三、证据运用：未成年社区服刑人员心理矫正的机制构建

Meta 分析产生的系统评价结论可以增强社区矫正领域中决策的科学性与准确性，避免决策的主观性与盲目性。研究的目的是服务实践，如何将系统评价的证据结论向司法实践转化，是开展循证研究的关键问题，也是弥合研究与实践差距的重要手段。在循证矫正领域，遵循最佳研究证据的实践，重点在于针对未成年社区服刑人员的犯因性需求，构建系统性的心理矫正机制，将这些有效的项目扩展到整个矫正系统中并加以执行。

（一）构建科学的心理评估与精准矫正机制

首先，准确评估是实现精准矫正的必要前提。社区矫正机构可委托司法社工采取当面访谈、实地走访以及适时跟踪监督等方式，收集未成年人犯罪的主客观因素、悔罪表现、履行保证书等情况，就其再犯罪及改造可能性制作补充社会调查报告。心理专家结合补充社会调查报告对该未成年人的个性特点、认知能力、情感状态等进行量表测试和综合评估，通过社区矫正机构与司法社工、心理咨询机构密切合作，选择最恰当的心理矫正方式。

其次，详细方案是实现精准矫正的重要环节。结合未成年人的犯因性需求与综合评估结论，为每一位未成年社区服刑人员定制个体心理矫正方案，包括具体的干预模型选择和课程设置，项目参与人员的培训情况，心理干预的频度与持续时间，对持续接受心理干预者的奖励措施，司法机关监管程序等信息。

再次，干预技术是实现精准矫正的关键突破。通过大样本

随机对照实验数据进行 Meta 分析后的结果显示，在社区矫正中，认知行为治疗对于降低再犯率的效用明显高于非行为疗法，认知行为治疗比单纯的教育培训课程作用更为积极，采取结构化的治疗方案，建立科学的"认知"至关重要。因此，心理矫正项目的负责人有必要将认知行为治疗看作矫正项目的首要方法，在社区环境中进行问题解决技能训练、集中学习、情绪管理训练等，通过心理治疗，使未成年人学会自我强化、自我指导、自我排练、自我控制，重塑认知，改变动态因素，降低未成年人重新犯罪的可能性①。针对因家庭教育不良、监护人失职所造成的未成年人犯罪案件，可在亲职教育个案中，介入认知行为治疗。

最后，回访机制是实现精准矫正的有力保障。本次系统评价纳入的 4 篇原始研究，随访时间为 3 个月至 2 年。建立一套涉罪未成年人心理矫正回访机制，对完成社区矫正的后涉罪未成年人进行定期（可将最长随访时间确定为 2 年以上）随访调查，了解其回归社会后的心理动态，积累认知行为治疗方法使用的适用性及科学性。同时，运用本研究证据在中国情境下的试验又在客观层面为下一次系统评价提供了原始材料，通过系统评价反思中国社区矫正中未成年人心理矫正现状，着手心理矫正变革。当生成的科学证据足够之时，有望构建"中国循证社区矫正心理干预"证据库，为涉罪未成年人的心理矫正提供丰富的高质量证据②。

---

① 参见吴宗宪：《社区矫正比较研究》（下），中国人民大学出版社 2011 年版，第 746 页。

② 参见陈珊、冯永泰：《循证社区矫正制度研究》，载《法制与社会》2015 年第 17 期，第 26～27 页。

（二）构建多方社会力量协同的参与机制

一方面，引导社会参与。积极落实刑事政策社会化，发展司法社工服务机构，重点扶持社工心理工作室；建立爱心人员（企业）信息库，组建关爱未成年人志愿服务队，加强与高校智库等社会力量合作；密切联系教育部门、共青团、妇女联合会、未保委及居委会、村委会等部门。借助民间力量、调动民间智慧、整合民间资源，实现将疏导心理情绪、单纯心理咨询等简单服务项目的无偿委托。另一方面，创新合作方式。规范心理矫正机构和干预人员资质，建立权威心理矫正机构名录[①]将认知行为治疗等专业性强的心理治疗服务向具有服务资质的社会组织购买，在政府采购协议中明确购买内容，加强购买服务资金管理，指导督促服务承接机构履行合同义务。当然，政府可在专业心理咨询师数量不足的地区培养专业社会工作者队伍，司法机关亦可面向社会公开招聘已获得心理咨询师资格证书且对医学心理学、精神病学、社会心理学等相关专业知识较为熟悉的社会工作者，培养自己的未成年人心理矫正队伍，实施精准心理矫正。[②]

四、社会支持网络提高青少年社区矫正对象社会化有效性的系统评价

目的：评估社会支持网络对提高青少年社区矫正对象社会化的有效性。方法：运用系统评价方法，系统检索 5 个国内中文数据库，从 42 个原始研究中筛选符合既定纳入标准的原始研

---

① 参见赵晓风：《论未成年人违法犯罪心理干预机制建构》，载《预防青少年犯罪研究》2015 年第 1 期，第 80 ~ 85 页。

② 参见陈珊、童峰、齐铱等：《认知行为治疗降低社区服刑人员再犯率有效性的系统评价》，载《中国心理卫生杂志》2018 年第 9 期，第 724 ~ 730 页。

究,共纳入观察性研究3篇,再通过观察性研究质量评价工具(STROBE声明)对纳入的文章进行质量分析。从纳入的研究对象看,包括不同犯罪类型及不同刑罚类型的青少年社区矫正对象。结果:3项研究均为低等偏倚风险;3项研究均肯定社会支持网络对青少年社区矫正对象社会化的提升效果。结论:本研究提示构建社会支持网络有助于提升青少年社区矫正对象社会化程度,具体而言:通过完善的经济支持、就业支持、精神支持等社会支持网络干预,能够明显提高青少年社区矫正对象重返社会的成效;正式支持与非正式支持相结合,能够提升青少年社区矫正对象的社会化会成效。

（一）研究背景

社区矫正是与监禁矫正相对的行刑方式,是指将符合法定条件的罪犯置于社区内,由社区矫正机构在相关部门和社会力量的协助下,在判决、裁定或决定确定的期限内,矫正其犯罪心理和行为恶习,[①]通过思想矫正和行为矫正,达到使社区矫正对象重返社会的非监禁刑罚活动。作为国家刑罚体系中十分重要的一个部分,社区矫正措施正发挥着监禁矫正所不具备的双重价值,一是刑罚惩罚性,二是社会恢复性。青少年社区矫正对象作为社区矫正对象中一个重要群体,其正处于从儿童向成年人过渡的关键时期,人格逐渐形成,三观尚未定型,加强对青少年社区矫正对象的帮助力度和支持维度尤为重要。以“青少年社区矫正”为检索词,在中国知网等数据库中得到相关文献共计336篇。学界对青少年社区矫正的研究最早始于2003年,按照相关度优先的顺序选取样本,共计72篇,青少年社区矫正这一

---

① 相关内容参见胡虎林:《社区矫正实务》,浙江大学出版社2007年版。

研究领域主要涉及五个方面内容，研究成果的侧重点各有不同（如图 3－7－3 所示）。本节将对社会支持网络提高青少年社区矫正对象社会化有效性进行系统评价。

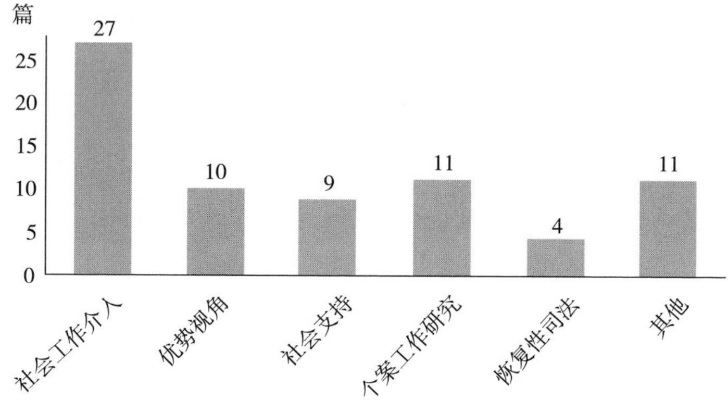

图 3－7－3　当前我国青少年社区矫正研究的主题

（二）文献综述

2003 年，时任司法部部长张福森指出："'社区矫正'是与'监禁矫正'相对的行刑方式，是指将符合社区矫正条件的罪犯置于社区内，由专门的国家机关，在相关的社会团体和民间组织以及社会志愿者的协助下，在判决或裁定规定的期限内，矫正其犯罪意识和行为恶习，并促进其顺利回归社会的非监禁刑罚执行活动。"由此可见，社区矫正作为一种"非监禁型刑罚执行活动"，在中国司法改革中起着不可替代的作用，其目的是提高改造罪犯的法律效果，也能有效降低改造成本，提高社会公共资源的使用效率。但在矫正过程中，往往存在社会资源分配不公的现象，而社区矫正对象因其自身存在的"罪犯"标签在社会关系中也处于一种劣势地位。因此，社区矫正对象会陷入社会地位较低、社会交往困难、难以融入主流社会等困境。我国《社区矫正法》第七章设专章对未成年人社区矫正作出特别规定，可见未成年社区矫正对象已成为我国社区矫正的重要群体，因此研究社会支持网络对帮助包括未成年社区矫正对象在内的青少年社区矫正对象社会化具有一定的实践意义。

通过文献分析，发现学者们在此领域的研究主要集中于三个方面：首先，是针对社会支持网络的现状进行分析，李晓娥分别从客观、主观两个维度进行考察，以对社会支持的利用度为标准对社区矫正对象的现实状况进行了研究。[①] 井世洁则指出青少年社区矫正的社会支持具有断裂和重构的特征，相较而言，来自家庭的支持远远大于社区、政府部门、社会组织等机构的支持力度。[②] 由此可见，从青少年社区矫正对象的物质条件、求职就业前景、精神心理需求三个方面来看，家庭在这三个方面对青少年社区矫正对象的支持力度较大，而官方组织如社区、政府和社会组织的支持相较而言则比较少。再从整体来看，青少年社区矫正对象面临着社会各方面的支持资源匮乏、力度不足、缺乏科学整合的困境。[③] 其次，是对社区矫正成果的影响因素进行分析，可知性别、年龄、婚姻情况、居住环境和矫正时间等因素与青少年社区矫正对象的社会支持呈现正相关的趋势。[④] 最后，对

① 参见李晓娥：《社区服刑人员社会支持系统调查研究——以河北省某市为例》，载《中国人民公安大学学报（社会科学版）》2011 年第 1 期，第 147 ~ 151 页。

② 参见井世洁：《断裂与重构：社区矫正青少年的社会支持——以上海市 J 区为例》，载《社会科学》2012 年第 9 期，第 65 ~ 71 页。

③ 参见张学军、肖群娣：《未成年犯社区矫正过程中社会支持系统的构建》，载《福州大学学报（哲学社会科学版）》2016 年第 1 期，第 94 ~ 98 页。

④ 参见郑永君：《青少年社区矫正对象的社会支持及其影响因素》，载《青年探索》2016 年第 5 期，第80 ~ 87 页。

社会支持网络的作用机制进行分析，社会支持网络的确能够促进青少年社区矫正对象的有效矫治和处境改善。[①] 客观层面的社会支持、主观层面的社会支持以及社会支持网络的利用度对青少年社区矫正对象的精神健康呈现明显的改善作用。[②] 张济洲、苏景春将研究重点集中在分析社会公众认同度、社会支持网络和科学教育矫正质量三者的关联上，得出社会公众对于社区矫正这种新型的刑罚措施仍旧存在偏见、社会公众的认可度仍旧处于较低的水平；社会支持网络处于发展的前期，仍较脆弱；社区矫正项目的形式不够多样，且针对不同的矫正对象而言不具有针对性，社区矫正机构的保障机制仍处于较低水平，对于青少年社区矫正对象的适应性较差。[③]

由此可以得出既有研究具备以下特征：第一，从研究方法来看，实证研究相较于理论研究和政策研究数量较少，不能从实证的角度分析社会支持网络对于青少年社区矫正对象的增益权能；第二，从研究视角来看，既有研究视角往往局限于法学和犯罪学，而交叉研究较少，未能整合各个学科的理论优势进行更为科学的研究；第三，从研究层次来看，以往的研究过多关注于宏观层面，包括法律法规、规章制度等，而忽视了对个体和家庭等微观层面的关注。

---

① JIANG S & FISHER – GIORLANDO M, MO L, *Social Support and Inmate Rule Violations: A Multilevel Analysis*, American Journal of Criminal Justice, p. 71 – 86 (2005).

② 参见井世洁：《社区矫正青少年的社会支持及其与精神健康的关系——基于上海市 J 区的实证分析》，载《华东理工大学学报（社会科学版）》2010 年第 2 期，第 48 ~ 54 页。

③ 参见张济洲、苏春景：《公众认同、社会支持与教育矫正质量——基于山东省社区服刑青少年调查》，载《预防青少年犯罪研究》2015 年第 4 期，第 27 ~ 33 页。

（三）对象和方法

1. 检索策略

使用计算机检索以下数据库：中国学术期刊 CNKI 数据库、维普中文期刊服务平台、万方数据资源系统、独秀知识库、中国人民大学复印报刊资料数据库，在检索词的查询中，根据概念的相近性或包含关系将青少年社区矫正对象扩大至为青少年社区矫正人员及青少年社区服刑人员，将社会化扩大至再社会化或社会融入；将社会支持网络扩大至社会支持体系。检索公式：（社区支持网络 OR 社会支持体系）AND（未成年社区矫正对象 OR 未成年社区矫正人员 OR 未成年社区服刑人员）AND（社会化 OR 再社会化 OR 社会融入）。

2. 纳入及排除标准

（1）纳入标准

①文章符合社会科学的研究方法；②检测任何干预项目的效果或影响；③案主为青少年社区矫正对象（其中包括处于缓释、假释期接受社区矫正的罪犯以及管制、暂予监外执行接受社区矫正的罪犯）；④结局指标特指：提高青少年社区矫正对象社会化；⑤语种为中文；⑥公开发表；⑦发表年限为 2012 ~ 2021 年[①]；⑧采取观察性研究。经过有效筛选。共有 3 篇文章符合研究条件。

（2）排除标准

①监禁矫正与社区矫正的直接对照；②非实证研究；③联系

① 《社区矫正法实施办法》是我国《社区矫正法》颁行之前社区矫正领域重要的规范性文件，故本研究选择将 2012 年 3 月 1 日，即《社区矫正法实施办法》实施之日作为纳入文献的起始发表期限。

研究者但无法得到相关数据的研究；④多种干预措施重叠的研究；⑤纯理论研究及不能提供有效信息的研究。

3. 文献筛选与质量控制

观察性研究质量评价工具（STROBE 声明）的评测项目主要有 22 个：题目和摘要（题目和摘要是否用专业术语表示研究设计）、背景和合理性（是否对研究背景和原理进行解释）、研究目标（任何预先确定的假设是否详细指明人群、暴露和结局等）、研究设计（是否写明研究设计的要素）、研究现场（是否清楚描写研究现场、具体场所和相关时间）、研究对象（队列研究是否描述研究对象的入选标准、来源和方法，描述随访方法等）、研究变量（是否明确界定结局指标、暴露因素、预测指标、潜在混杂因素及效应修饰因子，如有可能应给出诊断标准）、资料来源与评估（是否描述每一研究变量的数据来源和详细的测定、评估方法等）、偏倚（是否描述潜在的偏倚及消除方法）、样本量（是否描述样本量的确定方法）、定量指标（是否解释定量指标的分析方法，如有可能应描述如何选择分组及其原因）、统计学方法（a. 描述所用统计学方法，包括控制混杂因素的方法；b. 描述亚组分析和交互作用所用方法；c. 描述缺失值的处理方法；d. 描述敏感度分析）、研究对象（a. 详细报告各研究阶段中研究对象的数量；b. 描述各阶段研究对象未能参与的原因，帮助读者判断研究人群是否代表目标人群，是否产生偏倚例）、描述性资料（a. 描述性资料是否描述研究对象的特征以及暴露因素和潜在混杂因素的信息；b. 描述各相关变量有缺失值的研究对象数量；c. 队列研究描述随访时间）、结局资料（a. 报告结局发生事件或暴露类别的数量 b. 队列报告研究发生结局的数量等）、主要结果（是否给出未校正和校正混杂因素的关联强度估计值、精确度等)、其他分析(有无报告其他分析结果)、重要结果(是否概括研究假设的重要结果)、局限性(是否结合潜在的偏差和误差来源,讨论研究的局限性及潜在偏倚方向和大小)、解释(是否结合研究目的、局限性、多因素分析和其他相关证据解释结果)、可推广性(讨论研究结果是否具有普适性和可推广性)、资助(是否写明研究的资金来源和资助者)。由此,对观察性文献进行评分,评分标准为:“是”计 1 分,“不清楚”计 2 分,“否”计 3 分。总得分分为三个类型,分别代表不同的风险水平:22 ~ 36 分为低风险,37 ~ 51 分为中风险,52 ~ 66 分为高风险。

(四)研究结果

1. 纳入过程

由两名评价者根据纳入排除标准独立检索筛选文献,阅读题目、摘要和全文,共纳入 3 篇文献(如图 3 – 7 – 4 所示)。

2. 纳入研究情况

经筛选,一共纳入 3 篇观察性研究,从纳入的研究对象来看,青少年社区矫正对象的犯罪类型不限于暴力犯罪,刑罚类型包括缓刑、假释等。从矫正地域来看,1 篇以长乐区为例研究城乡接合部社会支持网络,其余 2 篇未明确矫正地域,针对所有的青少年社区矫正对象进行研究。从研究方法来看,主要采取问卷调查法、访谈法、文献法和参与观察法,分析青少年社区矫正对象的现状及其存在的现实问题,运用个案分析方法研究社会支持网络的介入。从纳入研究的文本选取时间来看,主要是选取 2012 年 3 月 1 日《社区矫正法实施办法》颁行后的原始文献进行研究。就研究周期而言,在 3 篇观察性研究文章的研究中,其中 1 篇以福州市长乐区为调研地,调研周期为 9 个月,1 篇采取整群取样的方法对上海市 J 区正在进行社区矫正的 231 名青少年进行问卷调查,剩余 1 篇实地调查期为 4 个月。

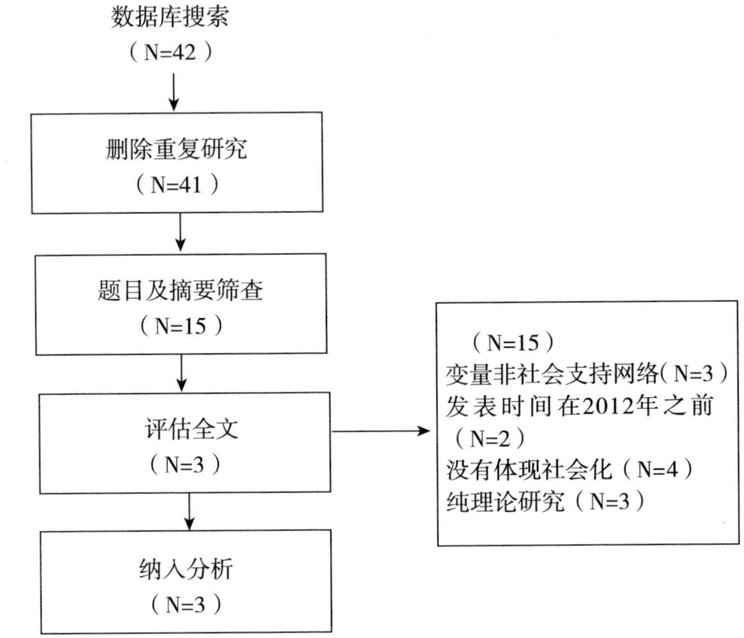

图 3－7－4　纳入过程分析图

3. 纳入文献的质量分析

采用观察性研究质量评价工具(STROBE 声明)对已纳入的文献进行信度评价。经过系统评分,3 篇文献均为低等偏倚风险,偏倚风险越低则表明原始研究的可信度越高。

在纳入的 3 篇观察性研究中,首先,《城乡结合部社会力量参与青少年社区矫正的实践探索》以福州市长乐区为研究基地,对 50 种不同类别的社会力量进行访谈,探究青少年矫正过程中存在的问题和“瓶颈”；其次，对 38 名青少年社区矫正对象进行问卷调查并对其中 8 人进行访谈；最后，对长乐区司法行政部门的相关数据进行系统分析，分析长乐区社会力量参与青少年社区矫正所遇到的问题及问题的成因，提出构建社会支持网络以支持青少年社区矫正对象，提高其重返社会的成效，该文章详细描述了数据的来源以及测量方法，通过 STROBE 声明评分为低等风险；《断裂与重构：社区矫正青少年的社会支持——以上海市 J 区为例》研究采取整群取样的方式对上海市 J 区正在接受社区矫正的 231 名青少年进行问卷调查，在调研数据的基础上，分析青少年社区矫正工作中所遇到的问题，对青少年社区矫正的社会支持网络进行了剖析，为提高社区矫正的工作效率和青少年重返社会的效果提出了较为科学的参考范式，通过 STROBE 声明评分为低等风险。《青少年社区矫正对象的社会支持研究》采取访谈法对 Z 市 S 机构社区矫正关爱服务项目的 29 人进行了访谈，其中青少年社区矫正对象共 15 人、司法所基层工作人员 6 人、S 机构专职社工 4 人和该社区服务工作人员 4 人。该研究对青少年社区矫正对象在社会支持中所存在的问题进行了分析，表明青少年社区矫正的社会支持网络具有非正式社会支持处于弱势地位、正式社会支持力度不够、个体社会支持力量的态度成为影响青少年社会支持网络的重要因素三大特点，最后对完善青少年社区矫正对象社会支持网络提出建议，以促进青少年社区矫正对象重返社会，通过 STROBE 声明评分为低等风险（见表 3 –7 –5）。

表 3－7－5　纳入研究的显著性特征表

作者	时间(年)	国家	风险	促进社会化	针对群体
王静	2019	中国	低	Y	青少年罪犯
史志凡	2017	中国	低	Y	青少年罪犯
井世洁	2012	中国	低	Y	青少年罪犯

4. 效果分析

从干预措施来看:

首先,社会支持网络对于促进青少年社区矫正对象的社会化有较为明显的驱动力。本次纳入的 3 篇原始研究文献中,有 2 篇利用社会支持网络对青少年社区矫正对象进行了矫正。从研究质量上看,研究均为低风险;从研究结果上看,结果具有显著性。研究结论也印证了社会支持网络能够有效地增强青少年社区矫正对象的信心,提升对自我价值的认同,增进其学习热情、就业欲望和生活期望,最终达到社会化的目的。

其次,正式的社会支持网络和非正式的社会支持网络共同作用会对青少年社区矫正对象回归社会产生更积极的推动作用。有文献表明,通过完善的经济支持、就业支持、精神支持等社会支持网络干预,能够明显提高青少年社区矫正对象重返社会的成效;与此同时,也有文献显示各类社会力量共同参与,青少年社区矫正对象的社会化率会有显著的提升。

最后,正式的社区矫正应当加大支持力度、拓宽支持途径,而非正式的社会支持应当根据各青少年社区矫正对象的不同情况采取专门的支持措施。本文纳入的 3 篇文献都采用了正式与非正式的社会支持相结合的方式,均取得了较好的矫正效果。

（五）讨论

如前所述，本次纳入的 3 篇观察性原始研究其结局指标均肯定社会支持网络能够提高青少年社区矫正对象社会化的有效性，且通过采用观察性研究质量评价工具（STROBE 声明）评分后，3 篇文章的信度评级均较高，研究证据具有可信度。本次系统评价纳入了 2012 年 1 月 10 日《社区矫正法实施办法》颁布后的研究成果，在青少年社区矫正对象社会化过程中，政府部门、社会组织、社区服务机构等正式社会支持和以家庭为代表的非正式社会支持对青少年社区矫正对象再社会化均起到了积极的推动作用。但在进行系统评价时，由于纳入标准较高（至少为观察性研究），因此纳入的文章数量较少。所纳入的文章研究类型均为观察性研究，很遗憾未发现相关随机对照试验的研究，因此社会支持网络对于提高青少年社区矫正对象社会化的有效性这一主题并未有随机对照试验进行试验组与对照组的比较，系统评价的证据级别受到一定影响。同时，由于英语水平有限，本研究在进行文献的搜集和整理时，并未对英文文献进行检索。相较而言，西方发达国家和地区的社区矫正制度已经有了较为成功的经验，其所构建的社会支持网络已趋近完善，而本节未搜集纳入英文文献，因缺乏国外先进经验和办法的对比研究，科学性和先进性受到一定影响。但由于政治、经济及社会环境存在较大差异，在社会支持网络构建研究中国外成果需要审慎借鉴，我国青少年社区矫正对象的社会支持网络还需体现“中国特色”及“中国优势”。

前述研究不足仅是对前期写作准备工作中的问题进行了简单的描述和归纳，这些问题都是值得我们注意的，在具体考量社会支持网络对于提高青少年社区矫正对象社会化的效果时，建议未来的原始研究能够深入某一具体的研究领域。同时，建议未来的原始研究更为具体地描述项目细节，例如，社区的选择、矫正方案的制订、该社区的社会支持力量的特点、正式社会支持与非正式社会支持效能的比较、社会支持网络应用过程中面临的困境和“瓶颈”等。

（六）思考

1. 非正式社会支持网络的构建

非正式支持的形式从资源角度可以区分为三类。第一类是家庭成员的支持。第二类是亲属兄弟姐妹及远亲、姻亲等的支持。第三类是非亲属的支持。非亲属又可以分为两个子类，一类是邻居、朋友、同事等，另一类是慈善机构、非政府组织、社区志愿者服务等。[①] 促进青少年社区矫正对象社会化的非正式社会支持网络应包括几下几方面：

（1）社工机构提供多元化的服务，设计有针对性的社区矫正方案

青少年可能由于家庭关系不和谐、学校教育不到位或是接触不当社会群体而产生不良行为。鉴于此，有必要选择符合青少年身心特征的矫正方案，特别是体现出对其恶害心理或者反社会心理的感化并引导其积极向善。但目前青少年社区矫正对象主要由社区矫正机构负责，矫正方式主要以监管为主，难以发挥司法社会工作者的专业优势。社会工作发展至今已经超越了传统的救贫济弱，开始转向协助案主发展自己的潜能。社会工作者要让每一个处于劣势社会地位的人都认识到：“弱势”并不

① 参见姚远：《非正式支持理论与研究综述》，载《中国人口科学》2003 年第 1 期，第 67 页。

是一成不变的，而是能够向强势转化的，关键要靠转化者自己的内在动力。所以，社会工作者把对服务对象年进行增权的过程看作社会工作者与矫正对象通力合作的一种复杂的合作过程。在这一过程中，社会工作者要运用个案辅导、小组工作、社区推广等多种专业技巧帮助案主转变观念，正确认识自我，激发潜能，树立起自立自强意识，以达到助人自助、改变困境的最终目标。致力于这种“授人以渔”的做法有效地保证了对弱势群体的社会保护真正持久地实现。在运用各种不同的工作方法对青少年社区矫正对象群体增权的过程中，社会工作者承担着各种不同的角色。司法社会工作者对案主不但提供直接矫正服务，也鼓励他们尽可能自立自强，最终实现自力更生。为此，建立一支专业的司法社会工作人才队伍是推动青少年社区矫正工作发展的不竭动力。

在青少年社区矫正过程中，灵活运用社会工作方法，提升项目精准性，做到“研其所想、应其所需”。首先，在项目开展初期，社会工作者同时扮演治疗者与联系人的角色。青少年矫正对象回到社区或者开始社区矫正初期，一般会表现出抗拒、悲观、无望、“破罐子破摔”的心理，社工应对此进行积极的回应，尽快建立良好的专业关系。社工可以对青少年矫正对象进行心理测试，了解案主是否有心理缺陷及具体有哪些心理缺陷。观察案主与家庭其他成员的关系以及家庭成员对案主的态度等。在此基础上，社工先要帮助案主理解和接受司法机关的判决，对案主可能存在的由于不服判决而导致的心理困惑进行疏导。另外，运用换位思考的方式对案主进行辅导，帮助案主从受害人的角度去考虑其犯罪的严重性和司法判决的有效性。同时社工通过家庭关系调适、生活能力培养、生活困难帮助等方面介入，稳定和控制案主的负面情绪,调整其心态,缓解心理压力,提升生活信念。社会工作者在这种情况下扮演了一个治疗者的角色,为矫正群体解决具体问题提供服务。此阶段,社工还扮演着联系人的角色。在清楚了解案主需求的基础上注重专业内涵的注入,寻找、联络可以调动的各项社会资源,既包括政府、民政、劳动和社会保障、卫生等部门的正式资源,也包括邻里、朋友、亲属和志愿者等非正式资源。社工机构应当积极与司法行政部门、社区、社会组织交流沟通,实时了解青少年社区矫正对象的思想动态和行为表现。其次,在项目运行过程中,社会工作者扮演着使者的角色。社工组织同案犯、矫正对象与被害人进行沟通与交流,开展适合于青少年的小组活动,不但能够消除彼此心理上的芥蒂,使其在人际交往上拥有良好的心态,还可以提升沟通能力,增加社会参与机会,从而实现青少年社区矫正对象的社会化。最后,在项目运行的末期以及项目结束后,社会工作者扮演倡导者的角色。社工要对开展的项目进行反思和提高,对参与活动的青少年进行回访,对发现的问题要及时调整优化,保证项目的质量,以求不断优化社会工作介入的成效。倡导者角色可以影响或改变社会政策制定,社会工作者一方面发现矫正政策的不合理之处,提出改善和修订的意见;另一方面通过具体的服务活动了解矫正政策没有涉及的问题领域,推进新政策出台。

(2)加强社会工作者与家庭的联系,提升非正式社会支持的地位

社会工作者在介入青少年社区矫正的过程中,首先,要明确自身的定位和职能,并加强与其他非正式社会支持的合作。家庭成员的支持作为非正式支持中的重要力量,社会工作者应定

期与家庭成员沟通，了解青少年社区矫正对象所处的家庭环境、家庭成员素质等信息，达到提高矫正效果的目的。其次，在实践过程中，社会工作者应当充分发挥自身的专业优势，与青少年社区矫正对象建立平等互助的关系，要注重将专业理念和方法应用到实际，与家庭力量一同以青少年社区矫正对象的需求为导向，为其提供更加完善的矫正方案。

2. 正式社会支持网络的构建

（1）提升政府对青少年社区矫正的扶持和协调力度

根据《社区矫正法》第 8 条的规定，地方人民政府根据需要设立社区矫正委员会，负责统筹协调和指导本行政区域内的社区矫正工作。首先，政府应当在宏观政策层面推动社会支持网络介入青少年社区矫正，规范社区矫正机构的矫正程序、行为准则、人员素质，为正式社会支持网络的构建创造良好的宏观环境。其次，政府应当加大对青少年社区矫正工作的经费支持，将政府购买青少年社区矫正的社会服务纳入地方财政预算。除此之外，进一步拓宽青少年社区矫正的资金来源，例如采取企业募资、社会捐赠募资等方式。《社区矫正法》第 13 条规定，国家鼓励、支持企业事业单位、社会组织、志愿者等社会力量依法参与社区矫正工作。政府可以采取购买社会服务或给予优惠政策等方式，激发更多社会组织参与青少年社区矫正。最后，政府宣传引导，改善个体对于青少年社区矫正对象的态度。政府应当在宏观层面积极宣传和普及社区矫正的基本常识和原理，改善社会公众对于青少年社区矫正对象的态度，提升青少年社区矫正对象的自我认同感。

（2）协同其他正式社会支持资源

《社区矫正法》第 12 条规定，居委会、村委会依法协助社区矫正机构做好社区矫正工作。社区矫正对象的监护人、家庭成员，所在单位或者就读学校应当协助社区矫正机构做好社区矫正工作。在构建以社区矫正机构等为核心的社会支持网络的同时，应当鼓励社会各个力量的共同参与，为青少年社区矫正对象回归社会提供良好的社会基础。其中，应当充分协同青少年社区矫正对象就读学校的矫正资源。

《刑法修正案（十一）》对《刑法》中关于低龄未成年人实施犯罪行为应当负刑事责任的年龄进行了修改，规定年满 18 岁为成年人，年满 12 岁需负刑事责任。《义务教育法》第 2 条规定我国实行九年义务教育制度，所有适龄儿童、少年必须接受教育。《未成年人保护法》第 3 条也规定未成年人享有受教育权，即使是处于羁押、服刑阶段的未成年人也应当接受义务教育。从这些法律规范中可以看出，国家保障未成年人受教育权，即使是社区矫正对象，只要还处于义务教育阶段，就必须要接受义务教育。

按照我国《义务教育法》的规定，6 岁作为小学入学年龄。年满 12 ~ 18 岁的未成年人正处于初中和高中义务教育阶段。为此，我国《社区矫正法》第 55 条规定，对未完成义务教育的未成年社区矫正对象，社区矫正机构应当通知并配合教育部门为其完成义务教育提供条件。未成年社区矫正对象的监护人应当依法保证其按时入学接受并完成义务教育。此外，《社区矫正法》第 4 条、第 12 条、第 25 条、第 37 条、第 39 条、第 57 条均从不同层面对保障未成年社区矫正对象的受教育权作出规定。

因此，未成年社区矫正对象有别于其他社区矫正对象，他们既是在校学生又是矫正对象，具有双重身份。同时，未成年社区矫正对象尚处于求学阶段，还没有正式踏足社会，学校教育对其世界观、人生观、价值观,性格和心理均具有较强的塑造能力,应当充分协同青少年社区矫正对象就读学校的矫正资源,构建青少年社区矫正对象正式社会支持网络。

第三节　实现女性社区矫正对象分类矫正的循证研究

基于优势视角的社工介入对促进女性社区矫正对象社会适应有效性的系统评价

目的:评估优势视角对促进女性社区矫正对象社会适应的有效性。方法:运用系统评价方法,系统检索 5 个国内数据库,从 47 个原始研究中筛选符合既定纳入标准的文章,通过观察性研究质量评价工具(STROBE 声明)对纳入研究进行质量计分,运用归纳描述方法评价干预措施的效果。评价指标指向社会适应能力提升这个维度。结果:共纳入 3 项原始研究,并对其进行分析,客观评价优势视角对促进女性社区矫正对象社会适应的作用。3 项研究均为低等偏倚风险且 3 项研究都呈现出女性社区矫正对象社会适应改善效果。结论:本研究提示采取优势视角理论设计矫正措施干预女性社区矫正对象有助于提升其社会适应能力,具体表现:基于优势视角的社工介入对于促进老龄女性社区矫正对象社会适应具有较为显著的效果;基于优势视角的社工介入对于促进有多次犯罪前科的女性社区矫正对象社会适应具有较为显著的效果;提供超过 3 个月的基于优势视角理论的社会工作介入,对于促进女性社区矫正对象社会适应有较为显著的效果；基于优势视角理论的介入工作需要家庭、朋友、邻里、以及社会的共同支持，才能取得既定效果。

一、研究背景

过去较长一段时期内我国法律维持着重刑主义的传统，强调刑罚功能的最大化，重视刑罚的惩罚性，而忽视了刑罚对犯罪的预防功能以及罪犯的权益保障。随着行刑趋于社会化，司法趋于人性化，部分监狱内服刑被监狱外服刑取而代之。我国从2003 年开始社区矫正试点，2005 年扩大试点，2009 年全面试行。十几年来社区矫正工作有序推进，成果斐然。在司法部2017 年 5 月正式颁布的 19 项信息化实施标准中，中央政府进一步对社区矫正的建设作出了重要指示。2019 年 12 月 28 日，《社区矫正法》经第十三届全国人大常委会第十五次会议表决通过，于2020 年7 月1 日实施。2020 年6 月，为做好《社区矫正法》的贯彻实施，进一步推进和规范社区矫正工作，司法部与最高人民法院、最高人民检察院、公安部积极进行沟通协调研究，广泛向社会征求意见，制定出台了《社区矫正法实施办法》，作为与《社区矫正法》同步配套的规范性文件。

社区矫正的社会意义，既在于使被矫正者能够在良好的社会环境中接受改造，免受狱内其他罪犯的“交叉感染”，从而提高改造效果，有利于其重新顺利回归社会，也在于更广泛地利用社会资源，降低行刑成本，同时避免矫正对象的社会关系遭受太大影响，有利于维护社会的和谐稳定。近年来，我国社区矫正中女性呈现人数逐渐上升的趋势。因女性社区矫正对象过去的犯罪行为很难取得社会公众的同情与谅解，社会歧视导致女性社区矫正对象的基本权益无法得到保障,例如,正常沟通与交流的需求,就业等基本生存条件保障的需求,这使她们难以适应社会。社区矫正对象在社会融入中本就属于弱势群体,再加上女性生理上和心理上的柔弱性与脆弱性,有别于男性社区矫正对象,女性社区矫正对象属于"双重"弱势群体。

社会适应是指个体逐渐地接受现有社会的道德规范与行为准则,对于环境中的社会刺激能够在规范允许的范围内做出反应的过程。女性犯罪的原因各不相同,但犯罪后的表现却呈现出强烈的相似性。由于女性感情细腻,情绪又复杂多变,犯罪后产生的自卑心理导致其心理负担加重,对自身产生怀疑,不愿意与他人接触,也不愿意配合矫正教育。例如,女性在被贴上社区矫正对象这个身份标签后,对就业持消极的态度,她们的收入、社会福利保障普遍偏低。在劳动力市场、社会网络以及社会保障等领域遭遇社会排斥后,这种社会排斥又会导致自我排斥的产生。社会交往方面,由于女性敏感的思想,强烈的羞耻感让她们降低社会交往的频率,再加上她们大多社交圈子狭窄,容易形成自我封闭,进一步加剧了社会排斥,不利于社会适应。由于矫正人员的身份,导致其家庭关系紧张,甚至一部分女性社区矫正对象婚姻关系存在解体的可能性。其子女可能会埋怨,身边的朋友也渐行渐远,这些社会关系的淡化严重影响女性社区矫正对象的社会适应效果。所以,总的来看,女性社区矫正对象的社会适应呈现低水平的特点。具体表现在就业率低、再犯率高和收入水平显著低于男性社区矫正对象。女性社区矫正对象的社会适应是"自愿型社会化",她们的主观能动性即矫正态度在其中起到关键作用。女性社区矫正对象需要在社会各界的理解与帮助下,发觉自身优势,恢复正确认知,重建与社会的联系。

目前,我国社区矫正工作仍然是围绕问题视角开展。问题视角下的矫正对象是需要被治疗的问题患者,而该视角下社区矫正机构工作者的任务就是一次又一次地揭开被矫正者的伤疤,进行外部治疗。从保障社区矫正对象权益上看,问题视角不能提升社区矫正对象的自信心与自我认同感,并不利于抑制矫正对象再次犯罪。

优势视角是社会工作领域中逐渐发展起来的社会工作实践方法新模式,它强调以人的优势为核心。优势视角理论也是社会工作介入社区矫正实践中常用的理论,优势视角理论要求社会工作者以人文关怀的视角,在对社区矫正对象进行帮助时将关注点聚焦在发现并发挥案主自身的优势和潜能上(既包括他们自身所包含的个人优点,也包括相关他人的优点和可以利用的资源),并利用这些优势对社区矫正对象进行帮助并使其得到自我发展、在社区中完成矫正并且回归社会。同时,优势视角肯定了矫正对象的个人尊严和社会价值,强调"平等",即社工运用自己的专业知识与技能,帮助矫正对象提升自信心与自我认同感,协助他们用积极的态度思考问题和处理问题,提升其社会适应能力,促进其社会化。人的性格后天可以基于教育指导而改变,人同时具有抗逆性,在受到压迫和折磨时以及在面对困难时发挥自身潜在的优势,即使是有过犯罪前科的人也具有这种品质。女性社区矫正对象更需要重建抗逆性,发现自身的优点与长处,适应社会的发展和自身的变化,以良好的心态重新回归社会。为此,用优势视角理论指导女性社区矫正工作,就是要通过教育帮扶引导女性社区矫正对象树立正确的人生观、价值观,帮助她们改掉恶习,发现女性的优势特征,助力其能力提升以适应不断发展变化的社会环境。

二、文献综述

首先，基于优势视角的社会工作介入社区矫正领域相关研究综述。

在国内，相较于传统的社会工作视角，优势视角建立在对人有主观能动性的理解上，认为人不是被动的，而是有潜力和优势的，有依靠自身能力解决问题的能力。随着优势视角在各领域运用中优势的显现，近年来我国关于优势视角在社会工作、社区矫正中的运用的研究也逐渐增多。

闻英在研究中比较了问题视角和优势视角两种不同的社会工作方法，发现优势视角有着优越性，更有利于社区矫正工作的开展[①]。范燕宁结合北京市未成年人社区服刑者的矫正实践情况，提出关于抗逆力问题的另一种研究视角：抗逆力在青少年成长过程中具有双重性质及社会作用。她的研究认为，正向恰当运用的抗逆力对于儿童及成年人的健康成长具有重要的推动作用，负向不当的抗逆力则对人的成长起着阻碍作用，因此在青少年的社区矫正中应该重点预防负向抗逆力所带来的不良影响[②]。杜立婕提出，在社会工作实践中运用优势视角理念具有可行性和一定技术性，每一个案主具有自己的优点和抗击逆境的能力，通过发现这些优点，不仅能够使案主做出改变，更能激

---

① 参见闻英：《社会工作中问题视角和优势视角的比较》，载《南阳师范学院学报》2005 年第 10 期，第14 ~ 16 页。

② 参见范燕：《抗逆力在青少年成长过程中的两面性特点——以北京市未成年人社区矫正服刑者的情况为例》，载《中国青年研究》2006 年第 11 期，第 10 ~ 13 页。

发其抗击逆境的能力，且优势视角理论在中国的文化和实践中有着很大的适用性①。李小燕在借鉴英、美等发达国家矫正工作经验的基础上，明确提出了我国应将社会工作的价值理念和方法应用于社区矫正，实现两者的有机结合，以完善青少年罪犯社区矫正制度的发展。在探讨我国青少年罪犯社区矫正制度不足的基础上，打破传统的矫正观念，提出了一系列具有科学精神的矫正措施、方法和对策。强调运用社会工作的理念与方法并对它们进行本土化改造；矫正工作者从矫正对象自身的认知、情绪问题、人际关系等方面存在的不足入手；运用小组、个案、社区三大专业工作方法，调动社会资源，打开存在于矫正对象自身人格中的力量之源，积极地从外部推动矫正对象的增权，进而恢复其社会功能②。董明伟在研究中借助优势视角，分析了优势视角介入青少年社区矫正的三个层面的策略：发现优势、发挥优势和发展优势。认为社会工作应关注青少年所具有的优势而非问题、社会工作者和青少年之间是合作的伙伴性关系、青少年应该为其自我恢复负主要责任。在社区矫正策略中，社会工作者应运用专业方法帮助青少年发现优势、发挥优势、发展优势③。付立华指出，与问题视角不同，优势视角下的社区矫正是指在对矫正对象潜能充分挖掘的基础上实施的社会工作介入，在整个过程中，社工和矫正对象之间始终是平等的伙伴关系。他认为优

---

① 参见杜立婕：《使用优势视角培养案主的抗逆力——一种社会工作实务的新模式》，载《华东理工大学学报（社会科学版）》2007 年第 3 期，第 18～23 页。

② 参见李小燕：《增权：社会工作对青少年罪犯社区矫正的介入》，南京航空航天大学 2008 年硕士学位论文，第 42 页。

③ 参见董明伟：《优势视角下的社会工作介入青少年社区矫正初探》，载《山东省青年管理干部学院学报》2008 年第 32 期，第 32～35 页。

势视角的特点主要有:强调每一个矫正对象都有自己的优势、注重发掘矫正对象的抗逆力、主张所有的环境都可能充满资源,强调关注矫正对象及其家庭与环境之间的关系①。张凯、朱晓杰以优势视角为主要出发点,结合了社区矫正实践中的典型案例,阐述了优势视角的具体运用过程及其策略,论证了优势视角对于社区矫正的积极作用②。史柏年、费梅苹认为在优势视角下每个人、群体、组织和社会都有其内在的能力,包括天赋、知识、社会支持和资源,只要存在适当的条件,就可以建设性地发挥自身功能③。严念慈分析比较了问题视角和优势视角两种理念,认为通过发掘优势,能更好地解决矫正对象的问题④。关宇晴针对青少年社区矫正中存在的"失权"现象,立足于增权理论,结合社会工作的价值理念与工作方法与社区矫正的发展模式进行研究,透过增权理论的三个层次,探索了青少年社区矫正者个人能力提升的问题⑤。赵明思指出,优势视角是一种新的理念和实践模式,越来越多的社会工作中,使用了优势视角的工作模式,这个词汇广泛存在于理论和实践中,但是,国内还是对优势视角理论缺乏一个系统和完整的体系。为解决这方面的不足,作者试图讲述优势视角的理论基础和演进进程,并介绍了优势

---

① 参见付立华:《优势视角下的社区矫正介入策略研究》,载《中国社会科学院研究生院学报》2009 年第 5 期,第 69 ~ 74 页。

② 参见张凯、朱晓杰:《优势视角的社会工作在社区矫正中的运用——以社区矫正对象 G 某为例》,载《行政与法》2010 年第 8 期,第 59 ~ 61 页。

③ 相关内容参见史柏年:《社会保障概论》,高等教育出版社 2004 年版。

④ 参见严念慈:《社区矫正社会工作两大理念探析——"问题视角"与"优势视角"的比较》,载《新一代:科教版》2010 年第 11 期,第 130 ~ 131 页。

⑤ 参见关宇晴:《增权视角下青少年社区矫正中个人能力提升的研究——以 C 市 C 区为例》,吉林大学 2013 年硕士学位论文。

视角的论点,最后提倡将优势视角理论运用到实践中[①]。李星辰的研究案例中,社会工作者不仅对同案犯矫正者进行有效介入,而且以小组工作的形式实践了社区矫正者与案发时受害人和解的小组工作,该研究对我国未成年人社区矫正工作提出了全面转变矫正观念、创新社区矫正方法和加快建立涉罪未成年康复园区等建议[②]。王中岭在关于青少年社区矫正的研究中,以优势视角下的社会工作为主要工作方法,提出了青少年社区矫正的具体目标和新的途径[③]。国内优势视角下社区矫正的相关论文中,均提倡优势视角理念,并详细论述了优势视角理念的概念、内涵、理论基础和工作理念,然而大多数文章只是简单比较了问题视角和优势视角工作模式,并没有进行详细论述。多数学者均在文章中得出了要以优势视角理念指导社区矫正的结论,但是在深入挖掘为什么要用优势视角完善社区矫正方面缺少相关理论及实证研究,对优势视角下社区矫正的研究缺乏系统完善的体系。

在国外,优势视角社会工作模式得以开展,在国外相关著作、文献中,类似优势和抗逆力的词语频繁出现。早期,卡尔·布劳思(Carl Brun)和理查德(Richard)提出以优势为本的实践在社会工作中有着很强的理论基础,优势视角应该是一个有效

---

① 参见赵明思:《优势视角:社会工作理论与实践新模式》,载《社会福利(理论版)》2013 年第 8 期,第 17 ~ 21 页。

② 参见李星辰:《增权视角下未成年人社区矫正的实践探究——以北京市 A 区社区矫正项目设计与评估为例》,北京城市学院 2014 年硕士学位论文。

③ 参见王中岭:《基于优势视角下的社会工作介入青少年社区工作矫正研究》,载《教育现代化》2016 年第 9 期,第 197 ~ 199 页。

的帮助策略，能够帮助一个人成功[①]。尽管有如麦克米伦(McMillen)等部分学者认为优势视角并不见得比传统模式存在多大的新颖性和差异性[②]，但大部分学者的观点与由丹尼斯·塞勒伯(Dennis Saleebey)等在其著作中对优势视角的概念和原则、优势视角在社会工作中的应用做出的详细论述一致，认为优势视角日益彰显出其合理性和有效性[③]。虽然不同的学者都在宣称“他们是以优势视角开展社会工作实践的”，然而他们所谓“优势视角”的实践标准又不尽相同，在此现象下，查尔斯(Charles)提出在未来的社会工作中以优势为本是充满希望和不确定性的，并探讨出了评判“优势视角实践”的六个标准[④]。理查德认为优势视角理念的主要工作任务就是发掘案主本身的优点和可利用的资源。尽管案主是带着问题和病症而来，但是，我们花费了过多的精力去寻找缺陷，我们应该帮助案主找到成就感，转移对问题的过度注意[⑤]。优势视角理论在国外有着比较成熟的研究，大多数国外的社会工作中均采用优势视角的观点，在优势视角的影响下，当今社会存在病症或者有问题的人越

---

① Brun C & Rapp R C, *Strengths - based case management: individuals'perspectives on strengths and the case manager relationship*, Social Work, p. 278 - 288 (2001).

② Mcmillen J C, Morris L & Sherraden M, E*nding Social Work's Grudge Match: Problems Versus Strengths*, Families in Society the Journal of Contemporary Human Services, p. 317 - 325(2004).

③ [美]丹尼斯·塞勒伯编著:《优势视角:社会工作实践的新模式》,李亚文、杜立捷译,华东理工大学出版社 2004 年版。

④ Charles A, *Rapp, Dennis Sleebey & W. Patrick Sullivan*, *The future of strength - based social work*, Advances in Social Work, Vol. 6, No. 1, p. 79 - 90(2005).

⑤ Richard C. Rapp, *The Strengths Perspective: Proving "My Strengths" and "It Works"*, Social Work, p. 185(2007).

来越少,存在优势和潜能的正常人越来越多,虽然优势视角理论较多,但对于如何将优势视角理念引入社区矫正中的研究并不多,理论尚不成熟。

其次,女性社区矫正对象社会适应相关研究综述。

我国《社区矫正法》第 1 条阐明了立法目的,其中"促进社区矫正对象顺利融入社会"是社区矫正的重要目标。当代社会女性地位逐步提高,女性犯罪问题亦是一个不容忽视的社会问题。随着女性犯罪比例的不断增加,如何对女性罪犯进行矫正并促进"顺利融入社会"成为社区矫正部门关注女性社区矫正的重大课题。我国有关学者和社区矫正实务工作者对女性犯罪的理论研究与实践经验,为如何对女性社区矫正对象实施社区矫正及如何促进其融入社会提供了理论指导。在我国,社区矫正相较于监狱矫正起步较晚,我国的社区矫正制度自 2003 年最高人民法院、最高人民检察院、公安部、司法部联合下发《关于开展社区矫正试点工作的通知》开始在部分省份范围内进行试点,2008 年在全国范围内开展试点,到今年也仅仅只有 10 多年的历史。在全国社区矫正总人数中,女性社区矫正对象数量相对较少,无论是针对女性社区矫正制度建设还是矫正效果评估都缺少专门的研究。从心理学的角度来看,女性感情一般较丰富,相较男性更容易感到焦虑、也更脆弱,她们的情绪波动幅度大,自我评价低,应变能力差,优势视角理论能更好地让女性社区矫正对象发现自身的优点,纠正其自卑心理,通过建立与社会的沟通机制,促进其社会化。通过文献检索,发现以优势视角研究女性社区矫正对象社会适应的文章甚少,大部分文章是从社会支持等研究视角出发阐述女性社区矫正对象的犯罪特殊性、矫正现状、制度构建等,并提出矫正建议。佟向杰的《女性社区矫正对象的特殊性及社会工作的介入》从女性社区矫正对象的特殊性、主要需求等方面进行分析，女性犯罪主要为财产型犯罪和情感型犯罪，提出社工在进行工作时要根据女性自身的不同特点实施不同的措施、进行个案对待，完成社会融入。禹红梅的《关于女性社区服刑人员社区矫正现状的调查与研究》以问卷调查方法了解了 M 市 F 区女性社区矫正对象的现状及其存在的问题，禹红梅认为，M 市 F 区矫正机构未调动社会各界力量，矫正队伍相对弱小，且矫正项目相对单一，未对女性社区矫正对象实施特殊矫正教育。禹红梅建议应尽快建立一支以社区矫正执法人员为核心力量、社会工作者参与、社会志愿者为辅助的专兼职相结合的社区矫正工作人员队伍，设计适合女性社区矫正对象特点的矫正方法。杨木高的《新世纪以来女犯矫正理论研究的回顾与展望》整理了 20 年来对女性社区矫正对象的理论研究成果，发现研究具有"有组织、接地气、持续性、多角度"的特点，指出针对女性犯罪跨部门、跨学科的研究鲜见，对研究成果的转化与运用应重视和提高。王恬恬的《社会工作介入女性社区矫正对象的研究》通过对黑龙江省佳木斯市 X 司法局中的女性社区矫正对象开展个案调查，发现当前针对女性社区矫正立法不完善，工作开展具有局限性，社会力量参与度低。作者以社会支持理论、增权理论等对 X 司法局女性社区矫正对象存在的问题进行研究，并提出政府在矫正工作中的重要作用，要协调多部门、多方面开展矫正工作，动员多方力量，协助女性社区矫正对象进行矫正教育，推动其社会融入。

西方发达国家的社区矫正起步早，矫正工作开展已经有很长的历史，实践经验相对充足，针对弱势群体增强社会适应能助力社会融入的研究也较全面。世界上第一部有关社区矫正的法律是 1973 年美国明尼苏达州通过的《社区矫正法》,欧美国家的学者从法学、心理学、社会学等方面对社区矫正对象进行研究。[①] 根据美国第 19 版的《社会工作大全》丛书,研究人员在他们的文章中列举了司法社会工作者的工作领域,其中就涉及了女性犯罪及其政策建议。[②] 在美国也有针对女犯特殊需求的机构,如霍普之家(Hopper Home)和萨拉·鲍威尔·亨廷顿之家(Sarah PowellHouse),它们强调培育女犯生活技能,强调自立自强思想,重视朋友、同伴的支持和参与家庭和社区生活。[③]

通过对文献的检索和初步分析可以看出,此一研究领域中仍有诸多值得深入探讨之处。因此,本文选择以基于优势视角的社工介入促进女性社区矫正对象社会适应为研究主题,致力于评估女性社区矫正对象社会适用能力改善与运用优势视角理论介入之间的关系,为提高罪犯改造的质量,实现其社会融入提供高级别证据。

三、对象与方法

(一)检索策略

使用计算机检索以下数据库:中国学术期刊 CNKI 数据库、维普中文期刊服务平台、万方数据资源系统、独秀知识库、中国

① 参见王恬恬:《社会工作介入女性社区矫正工作的研究——以黑龙江省佳木斯市 X 司法局为例》,东北石油大学 2020 年硕士学位论文,第 4 页。

② 参见谭飘:《女性社区矫正对象的社会工作介入研究——以长沙市开福区为例》,湖南师范大学 2017 年硕士学位论文,第 4 页。

③ 参见杨梦暄:《社会工作介入女性社区服刑人员的社区矫正研究》,河北大学 2019 年硕士学位论文,第 4 页。

人民大学复印报刊资料数据库，检索词主要涉及：优势视角、女性社区矫正对象、社会适应，在检索词的查询中，根据概念的相近性或包含关系将优势视角扩大至赋权、增能、抗逆力；将女性社区矫正对象扩大至女性社区服刑人员、女性社区矫正人员；将社会适应扩大至社会化或再社会化或社会融入。检索式：（优势视角 OR 赋权 OR 增能 OR 抗逆力）AND（女性社区矫正对象 OR 女性社区服刑人员 OR 女性社区矫正人员）AND（社会适应 OR 社会化 OR 再社会化 OR 社会融入）。

（二）纳入与排除标准

1. 纳入标准

（1）采用社会科学研究方法；（2）检测任何以优势视角理论作为介入理论指导对女性社区矫正对象社会适应的帮扶；（3）案主为女性（包括缓刑、假释期接受社区矫正的女性罪犯以及管制、暂予监外执行的女性社区矫正对象）；（4）结局指标特指：有利于促进女性社区矫正对象社会适应；（5）语种为任何一个国家采用中文写作的文献；（6）公开发表或未公开发表；（7）发表年限：2012～2021 年①；（8）采取观察性研究。经过筛选，共有 3 篇文章符合条件。

2. 排除标准

（1）排除主题与女性社区矫正对象社会适应无关的研究；（2）排除纯理论研究及不能有效提供重要信息的研究；（3）排除通过多种数据库查找的重复研究；（4）排除目的涉及提高监狱

---

① 《社区矫正法实施办法》是我国《社区矫正法》颁行之前社区矫正领域重要的规范性文件，故本研究选择将 2012 年 3 月 1 日，即《社区矫正法实施办法》实施之日作为纳入文献的起始发表期限。

管理水平的研究;(5)无权限下载的文献;(6)报纸、杂志等非学术类刊物。

(三)研究的质量评价标准

鉴于干预措施与结论异质性较强,本研究运用限制偏倚风险的评估工具对所纳入的文章进行整体质量评分,评价方式主要采用观察性研究质量评价工具(STROBE 声明)。观察性研究质量评价工具(STROBE 声明)的评测原则主要有 22 个方面:题目和摘要(题目和摘要是否用专业术语表示研究设计)、背景和合理性(是否对研究背景和原理进行解释)、研究目标(任何预先确定的假设是否详细指明人群、暴露和结局等)、研究设计(是否写明研究设计的要素)、研究现场(是否清楚描写研究现场、具体场所和相关时间)、研究对象(队列研究是否描述研究对象的入选标准、来源和方法,描述随访方法等)、研究变量(是否明确界定结局指标、暴露因素、预测指标、潜在混杂因素及效应修饰因子,如有可能应给出诊断标准)、资料来源与评估(是否描述每一研究变量的数据来源和详细的测定、评估方法等)、偏倚(是否描述潜在的偏倚及消除方法)、样本量(是否描述样本量的确定方法)、定量指标(是否解释定量指标的分析方法,如有可能应描述如何选择分组及其原因)、统计学方法(a. 描述所用统计学方法,包括控制混杂因素的方法;b. 描述亚组分析和交互作用所用方法;c. 描述缺失值的处理方法;d. 描述敏感度分析)、研究对象(a. 详细报告各研究阶段中研究对象的数量;b. 描述各阶段研究对象未能参与的原因,帮助读者判断研究人群是否代表目标人群,是否产生偏倚例)、描述性资料(a. 描述性资料是否描述研究对象的特征以及暴露因素和潜在混杂因素的信息;b. 描述各相关变量有缺失值的研究对象数量;

c. 队列研究描述随访时间)、结局资料(a. 报告结局发生事件或暴露类别的数量;b. 队列报告研究发生结局的数量等)、主要结果(是否给出未校正和校正混杂因素的关联强度估计值、精确度等)、其他分析(有无报告其他分析结果)、重要结果(是否概括研究假设的重要结果)、局限性(是否结合潜在的偏差和误差来源,讨论研究的局限性及潜在偏倚方向和大小)、解释(是否结合研究目的、局限性、多因素分析和其他相关证据解释结果)、可推广性(讨论研究结果是否具有普适性和可推广性)、资助(是否写明研究的资金来源和资助者)。由此,对观察性文献进行评分,评分标准为:"是"计 1 分,"不清楚"计 2 分,"否"计 3 分。总得分分为三个类型,分别代表不同的风险水平:22 ~ 36 分为低风险,37 ~ 51 分为中风险,52 ~ 66 分为高风险。

四、研究结果

(一)纳入过程

由两名评价者根据纳入排除标准独立检索筛选文献,阅读题目、摘要和全文,共纳入 3 篇文献(如图 3 -7 -5 所示)。

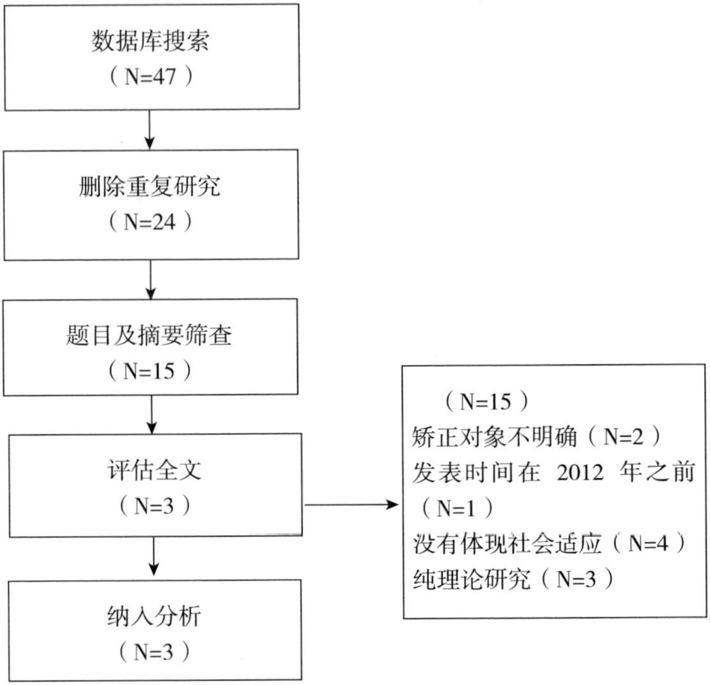

图 3－7－5　纳入过程分析图

（二）纳入研究情况

一共纳入 3 篇观察性研究，从纳入的研究对象来看，针对经济犯罪等不同犯罪类型，缓刑、假释等不同刑罚类型及不同心理行为特征的女性社区矫正对象。从犯罪类型及研究样本数量来看，有 2 项是针对经济犯罪，且只有一个研究对象，有 1 项是针对多个研究对象。从刑罚的类型来看，有 2 篇是针对被判处缓刑的女性社区矫正对象适应社会进行的分析，其余 1 篇文章的研究对象包括被判处缓刑的女犯、暂予监外执行和假释的女犯。从矫正对象年龄来看，2 篇是针对 30～50 岁的矫正对象，1 篇是针对 20～30 岁的女性社区矫正对象进行的研究。

从研究方法来看，主要运用案例分析法、文献法、参与观察法、访谈法，来了解女性社区矫正对象的现状及其问题，运用优势视角理论介入主要是采用个案研究的方法。

从纳入研究的文献选取时间来看，纳入的文献刚好是近 3 年之内发表的文章，主要是描述性研究，在 3 篇观察性文章研究中，其中 2 篇实地调查的周期为 3 个月，剩余 1 篇未明确进行描述。

（三）纳入文献的质量分析

针对已纳入的 3 篇文章，运用观察性质量研究评价工具（STROBE 声明）对纳入文章进行文献质量分析。3 篇文章均为 2012 年之后的研究，经过系统评分其中 3 篇都为低等偏倚风险，偏倚风险越低表示原材料的可信度越高，偏倚风险越高则说明原材料并不具备参考价值。

在 3 篇观察性研究的文献中，《社会支持网络视域下女性社区矫正人员的社会融入困境与对策研究——以温州市龙湾区为例（2020 年）》以实地调查法的方式对龙湾区司法行政部门及社区矫正人员进行收集资料，从多个维度分析龙湾区女性社区矫正对象存在的社会融入问题，分析优势视角对女性社区矫正对象社会融入是否具有促进作用，详细描述其数据来源与测量方法，通过 STROBE 声明评分为低等风险；《社会工作介入女性社区服刑人员的社区矫正研究（2019）》的研究对象为被判处缓刑的女性社区矫正人员，通过观察性研究的方式对女性社区矫正对象重新回归社会进行深入剖析，通过 STROBE 声明评分为低等风险，该篇文章具有一定的参考价值并具备一定的推广价值。《女性社区矫正对象再社会化的个案研究（2020）》对此领域的现有相关研究进行了归纳与整理，运用访谈法、参与观察法进行个案研究，根据研究对象个体特征制订服务计划，数据真实且具有参考价值，通过 STROBE 声明评分为低等风险。

（四）效果分析

从具体干预效果来看：

首先，基于优势视角的社工介入对于促进老龄女性社区矫正对象社会适应具有较为显著的效果（见表 3 –7 –6）。本次纳入的 3 篇原始研究中，有 1 篇研究针对老龄女性罪犯提供基于优势视角的社会工作介入服务，从研究质量来看，该项研究为低风险；从研究结果来看，该项研究结果具有显著性。研究结论也印证了优势视角对于帮助老龄女性社区矫正对象发现自我价值，树立自信心，提高问题解决能力，提升社会适应能力，最终顺利融入社会具有促进作用。

表 3 –7 –6　纳入研究的显著性特征表

作者	时间（年）	国家	风险	提升社会适应能力	针对群体
杨梦暄	2019	中国	低	Y	女性经济罪犯
刘令衣	2020	中国	低	Y	女性经济罪犯
黄译	2020	中国	低	Y	女性其他罪犯

其次，基于优势视角的社工介入对于促进具有多次犯罪前科的女性社区矫正对象社会适应具有较为显著的效果。有文献显示，经过 3 个月的个案介入后，女性社区矫正对象的再社会化程度明显提高；同时有文献显示，通过参与观察并结合社区工作，女性社区矫正对象重新融入社会的程度显著提高。

再次，提供超过 3 个月的基于优势视角理论的社会工作介入，对于促进女性社区矫正对象社会适应有较为显著的效果。

1 篇研究的介入期间大于 3 个月,并取得明显效果。例如,有学者通过在社区对女性矫正对象进行优势视角帮扶后反馈,坚持 3 个月以上接受帮扶的女性社区矫正对象,在遇到困难时仍会出现自我怀疑,自信心被打击,此时若继续开展优势视角帮扶,对于该矫正对象适应社会具有积极的作用。

最后,基于优势视角理论的介入工作需要家庭、朋友、邻里、以及社会的共同支持,才能取得既定效果,同时最好运用社会工作的个案工作方法和社区工作方法对女性社区矫正对象的心理与行为进行干预。本文纳入的 3 篇文献中,都采用了家庭关爱、朋友帮助和社会工作实务相结合的方法,均取得较好的矫正效果。

五、讨论

如前所述,经过观察性研究质量评价工具(STROBE 声明)测评后,证明基于优势视角的社工介入能够有效地促进女性社区矫正对象的社会适应,本次系统研究主要是纳入了 2012 年以后的 3 篇文章,在促进女性社区矫正对象社会融入的过程中,家庭、朋友、社区、政府等对女性社区矫正对象的社会适应能力提升起到了极为有效的作用。本次研究存在以下局限:(1)由于检索到的可用性文章很少,因此选取的文章只有 3 篇,数量偏少,且研究所选取的原始研究均为观察性研究,缺乏实验性研究的文献。(2)所针对的群体是较为广泛的,并未明确具体的针对某一年龄或某一犯罪类型的女性社区矫正对象进行社会适应的分析。(3)由于英语水平有限,本文在进行资料的搜集检索时,并未对英文的文献进行检索,可能会在一定程度上影响系统评价的严谨性。

上述只是对本次研究中的不足进行了简单的归纳，这些都是值得我们注意的。同时，通过此次对文献资料的搜集，发现针对女性暴力犯罪社区矫正对象社会适应的研究几乎没有，因此在未来的研究中，需要特别关注基于优势视角的社工介入对于促进暴力犯罪的老龄女性社区矫正对象社会适应的矫正效果。

六、思考

通过前期研究，本节简单阐述了本次系统评价的局限性和下一步研究计划。同时通过本次系统评价，发现在传统社区矫正实践中，有一部分矫正措施由于具体操作等原因存在无效性，或是研究结果无法证明其有效，并且司法行政机关投入的公共资源也会存在未达到预期效果等问题。而循证研究范式大大弥补了传统研究范式的不足，循证矫正旨在寻求最佳证据，能够有效解决传统矫正范式效力不足等问题，使得社区矫正措施更有效。从理论研究上升至实践意义得力于循证研究结论的转化与推广，为此，笔者提出以下建议：

（一）细化女性社区矫正制度

制度因素是导致女性社区矫正对象社会适应困难的原因之一。制度因素主要是指执行机关的矫正方法、部分法律法规、资源整合政策等。女性社区矫正对象对政策性支持的满意程度越高，她们对社会支持利用度就越高。[①] 所以社区矫正政策应尽可能满足女性社区矫正对象的合理需求，这样有利于她们对社会支持利用最大化，使她们更顺利地适应社会。

---

① 参见陈姝宏：《社区矫正对象再社会化研究——以长春市D区典型街道、社区为例》，吉林大学2014年博士学位论文，第70~80页。

我国社区矫正工作自2009年在全国全面推广,由于起步较晚,女性社区矫正对象的教育矫正工作还不够完善,有关女性社区矫正对象教育矫正的研究也还处于起步阶段。2012年最高人民法院、最高人民检察院、公安部、司法部联合制定的《社区矫正法实施办法》,将未成年社区矫正对象作为一个特殊群体制定了特定的政策,而对女性社区矫正对象这一社区矫正的另一弱势群体,并没有制定针对性的法律政策。其后颁布实施的《社区矫正法》设定专门一章规定未成年人社区矫正特别规定,包括有针对性的矫正措施,与成年人分别矫正,矫正中监护人的义务,身份信息的保密等,而仅在第25条规定针对女性社区矫正对象,矫正小组应有女性成员,尚无专门女性犯的社区矫正制度。我国现行的矫正机制、管理机制、评估标准等几乎都是按照矫正对象中占大多数的男性社区矫正对象设计出来的,很少考虑到女性社区矫正对象的弱势地位和特殊性。[①] 在社区矫正机构为主导的社区矫正过程中,大多是重视监督管理与教育矫正等法律法规要求的社区矫正程序,忽视了女性社区矫正对象对于家庭和社会关怀的迫切需要,强硬的社区矫正工作方式有时候会也引起一定的争议,如有些地方的社区矫正工作人员着职业制服,走访的时候开着警车,女性社区矫正对象的心理更加脆弱和敏感,更容易引发她们的自卑心理,时时刻刻都是在提醒他们自己与别人不一样,社区归属感和社会融入意愿降低,进而会影响她们社会适应能力的提升。

为了确保法律适用的可操作性,还需要制定更为详细的女

---

① 参见杨彩云:《社区服刑人员的社会融入与精神健康:基于上海的实证研究》,载《华东理工大学学报(社会科学版)》2014年第4期,第10~20页。

性社区矫正制度实施细则。首先,女性社区矫正对象有其自身的独特性,比如心理承受力弱,经济依附性强,通过加强制度建设,充分激励和发挥家庭的协助矫正功能,并构建妇联等女性组织参与社区矫正的常态机制,帮助女性社区矫正对象从心理层面提升社会适应能力。其次,建立适宜女性社区矫正对象的安置帮教制度,挽救处于社会边缘的女性社区矫正对象。比如,针对因犯罪而失业的女性,国家可以通过政策鼓励企业参与社区矫正对象再就业,对响应企业实施优惠补贴,促使企业积极主动帮助女性社区矫正对象更好地适应社会。同时,开展职业技术教育,拓宽其经济来源。① 从历年来数据统计分析,造成女性社区矫正对象社会适应困难的原因很多,例如,文化程度偏低,没有一技之长,精力体力明显低于男性,情绪不稳定等。而且国家对于犯罪人的再就业还有特别限制。有些女性社区矫正对象在接受社区矫正后会失去之前的工作,就业情况变得不稳定。就业是自身的经济来源,是融入社会的物质基础,通过工作才能满足自己及家人的基本生活需求,实现自己的价值,女性社区矫正对象也不例外,尤其在现代女性意识逐渐崛起的社会,大多数女性社区矫正对象有强烈的就业意向。因此提高女性社区矫正对象的职业技能,拓宽就业渠道是提高其社会适应能力的关键举措。

(二)建立"家—友—社"良性环境体系

家庭对女性社区矫正对象社会融入是非常关键的。女性社区矫正对象在家庭中充当着不同的角色,母亲、妻子、女儿,家人

---

① 参见自正法:《涉罪未成年人社区矫正的实证考察与治理路径》,载《西南民族大学学报(人文社科版)》2020 年第 10 期,第 104 ~ 110 页。

的支持是其最重要的情感支持来源。在矫正过程中，社区矫正工作人员应当采取适当措施，帮助女性社区矫正对象恢复或者重建其与家人之间的情感纽带。通过获得家人的支持与鼓励，来消除其自身的敏感和不安，促使其更好地适应社会。

女性因自身的人际交往范围比较狭窄，朋友是其主要的倾诉对象。但据调查显示，女性在进行社区矫正时，因自身的羞愧，拒绝主动与亲密的朋友进行联系，情绪的宣泄途径关闭，导致不良情绪大量聚集，更不易于其社会融入。[①] 此时，就更需要朋友主动的关怀与开导，及时与她们进行沟通，给其提供强有力的情感支撑，帮助她们适应社会。

社区是女性社区矫正对象社会交往与互动的社会空间，也是实施社区矫正的主要场所。良好的社区关系可以帮助女性社区矫正对象更好地适应社会。各个社区可以因地制宜开展各项社区文化活动，加强女性社区矫正对象、社区居民、社区矫正工作者之间的沟通与交流。通过这种交流与互动，使矫正人员接受正确的价值引导，让其对社区有归属感和被认可感。

总之，在对女性社区矫正对象开展提升其社会适应能力的社区矫正时，离不开家庭、朋友及社会的支持，特别是与其关系亲密的家人对女性矫正对象进行鼓励，使其重建自信心与自我认同，会有事半功倍的效果。“家—友—社”良性环境体系是一个循序渐进的过程，在前期，女性社区矫正对象的心理更脆弱，家人和朋友会往往比社会对女性矫正对象有更多的善意和耐心，使女性社区矫正对象初建信心，才更有勇气适应社会、融入

---

① 参见郭砾：《女性犯罪的社会性别视角》，载《大连大学学报》2001 年第 5 期，第 34 ~ 37 页。

社会。

(三)继续开展女性社区矫正工作循证实践

第一,建立女犯循证矫正试点社区。我国社区矫正开展时间不长,目前还没有针对女性社区矫正对象的试点社区,循证实践应在合适的试点社区开展。建议选择包括不同年龄、不同犯罪类型以及不同刑罚类型的女性社区矫正对象在内的社区进行试点,使女犯矫正试点社区具备较高的试点价值。同时,设置社工机构入驻门槛,社工机构应经过培训指导后,具有熟练掌握循证矫正的能力,方能进入社区实施基于优势视角的社工介入。此外,系统评价结果显示提供超过 3 个月的基于优势视角理论的社会工作介入,对于促进女性社区矫正对象社会适应有较为显著的效果,故应延长社工介入的期限。当然,对介入的效果评估,还应建立起科学的评估与反馈体系,注重结果的科学性和有效性。

第二,辩证实施矫正工作。司法社会工作者在进行矫正实践时,可以采用多种形式,既可以开展小组工作,也可以进行个案实践。矫正项目的制定要体现个性化,方案实施过程既要体现女性社区矫正对象的个体特性,也要在一定程度上反映共性。在对矫正方案进行优化时,创新矫正模式,使方案更具科学化;在开展循证矫正工作时,个案矫正与类案矫正协调开展,大样本对照试验与系统性调查研究协同推进。

第三,通过大数据优化矫正方案。基于女性社区矫正对象生理及心理上的特殊性,社区矫正工作人员通过数据库收集整理的信息和拟定的方案只是初步的基础性方案,未能体现矫正对象的个案特征。在社工介入后,应当根据基础矫正方案的实施情况、女性社区矫正对象行为与心理的变化等,对矫正方案进行调整与优化，使其更适合矫正对象。搭建增强女性社区矫正对象社会适应能力提升的大数据平台。而调整优化后的实证依据、项目、目标与矫正结果均通过数据库留证，并可再隐去真实身份信息后通过司法大数据平台实现共享，以便为未来的矫正工作提供参考。具体而言，通过大数据优化矫正方案是指采用“互联网+”模式将矫正对象的基本信息存储于平台上，实时更新矫正对象的活动轨迹及矫正效果，并与各地矫正机构进行经验分享。平台上可设有不同学习模块，如职业技能培训、电子书刊等供矫正对象学习，通过学习在一定程度上提升女性社区矫正对象的社会适应能力。但需注意两个方面：一是矫正对象隐私保护。平台应设置防入侵及重要信息隐藏功能，防止信息泄露；二是建立专项资金保障机制。平台的维护与运转离不开资金的支持，大量的信息存储及矫正开展需要专项资金予以保障。

第四，建立定期回访机制。女性社区矫正对象心思较敏感，意志不坚定。在矫正工作开展末期及矫正工作结束后，要对其进行定期回访，了解社会适应的进程。若发现其有退缩、自我怀疑的行为，应再次介入，调整其心理状态，探索出现该状况的原因，做好经验积累，帮助其解决问题。建立定期回访机制有助于矫正工作的深入开展，真正帮助女性社区矫正对象回归社会。

第八章

基于人口异质性的分类社区矫正措施实践检验

第一节　老年社区矫正对象分类矫正措施实践检验

针对老年社区矫正对象分类社区矫正措施选择，本书在第七章第一节通过系统评价得出如下结论：超过 1 个月的社会工作介入对促进老年社区矫正对象的社会融入有较为显著的效果；运用社会支持网络和社会工作实务相结合的方法对促进老年社区矫正对象的社会融入有较为显著的效果；由家庭、邻里、社区、志愿者队伍、矫正社会组织以及法院、检察院、司法行政机关形成的社会支持网络，对促进老年社区矫正对象社会融入有较为显著的效果。此次系统评价产生的证据如何使用？其能否在司法实践中产生积极的矫正效果？笔者协同硕士研究生运用该证据对 S 市 C 街道老年社区矫正对象进行了相关社工干预试验，以检验系统评价结论的科学性。

一、S 市 C 街道老年社区矫正对象社会融入的需求调查

研究人员经过综合问卷调查、访谈记录以及实地调研等多方面结果得出 S 市 C 街道老年社区矫正对象存在多元社会融入需求。例如，身份融入：纠正错误认知，增强社会归属感；社交融入：提升社交意识，修复断裂关系网络；家庭融入：调解家庭矛盾，发挥家庭功能；职业融入：健全帮扶体系，拓宽就业渠道（见表 3－8－1）。[①]

表 3－8－1　S 市 C 街道老年社区矫正对象社会融入需求[②]

序号	年龄（岁）	需求	具体表现
1	61	身份融入、社交融入、职业融入	敏感易怒，抑郁多疑；社交范围狭窄；就业困难
2	64	身份融入、社交融入	自我评价较低，对未来信心不足；与邻居、朋友来往较少
3	68	身份融入、社交融入	对未来信心不足；社交范围狭窄
4	61	身份融入、家庭融入、社交融入	内心自卑，自我评价较低；与妻子不和；除了家人外很少与他人来往
5	66	身份融入、社交融入	自我评价偏低；社交范围狭窄

① 参见周晓菁：《老年社区矫正对象社会融入的社会工作介入研究——以 S 市 C 街道为例》，西华大学 2020 年硕士学位论文，第 20～21 页。

② 参见周晓菁：《老年社区矫正对象社会融入的社会工作介入研究——以 S 市 C 街道为例》，西华大学 2020 年硕士学位论文，第 21 页。

续表

序号	年龄(岁)	需求	具体表现
6	71	身份融入	没有生活目标,对未来信心不足
7	62	身份融入、家庭融入、社交融入	抑郁自卑情绪严重;与妻子和孩子断绝联系;社交范围狭窄,不愿与他人来往
8	63	身份融入	自我评价较低,矫正态度不端正
9	62	身份融入	没有生活目标,对未来信心不足
10	73	身份融入、家庭融入	存在抑郁情绪;家庭成员关爱不足

二、基于社会支持理论的老年社区矫正对象社会融入社工介入策略

在掌握老年社区矫正对象社会融入需求之后,运用社会支持理论,整合正式及非正式资源,制定社会工作介入策略,运用个案工作与社区工作等社会工作方法为老年社区矫正对象提供必要的社会支持服务(见表3－8－2)。

表 3－8－2 社会工作介入策略表①

服务层面	服务目标	介入手段
身份融入	认知调整；情绪疏导；增强自我认同感；提升自信；培养“社会群体”思维	通过理性情绪法等方式对老年社区矫正对象进行认知辅导； 通过缅怀疗法等方式对老年社区矫正对象进行心理疏导，挖掘老年社区矫正对象优势和潜能； 通过法律知识和思想道德集中学习，帮助老年社区矫正对象树立正确道德观、是非观和法律意识
家庭融入	调解家庭矛盾、缓和家庭关系	以中立者的身份介入老年社区矫正对象家庭纠纷调解、家庭关系恢复中，引导家庭成员给予老年社区矫正对象更多支持和帮助
社交融入	提升社会交往的意愿与能力	引导老年社区矫正对象正确看待和处理人际关系，提升老年社区矫正对象的社交意愿；传授有效沟通技能，提升老年社区矫正对象的社交能力
职业融入	树立正确就业观念；协同链接就业资源	根据个人情况，为有就业需要的老年社区矫正对象链接合适的就业资源；对就业观念存在偏差的老年社区矫正对象进行培训和教育

三、基于社会支持理论的老年社区矫正对象社会融入社工介入效果

（一）个案服务满意度评估

社工运用社会支持理论开展个案工作之后，老年社区矫正对象对社工服务的满意度较高（见表 3－8－3）。

---

① 参见周晓菁：《老年社区矫正对象社会融入的社会工作介入研究——以 S 市 C 街道为例》，西华大学 2020 年硕士学位论文，第 25 页。

表 3-8-3　个案服务满意度评估表①

评价内容	满意	一般	不满意	满意度(%)
整体个案服务	5	0	0	100
社工提供的帮助	4	1	0	80
个人问题的解决	4	1	0	80
社工亲和力	5	0	0	100
社工专业能力	4	1	0	80

(二)社区活动满意度评估

社工运用社会支持理论开展社区活动之后,老年社区矫正对象对社工服务的满意度较高(见表 3-8-4、表 3-8-5)。

表 3-8-4　“调整我们的认知”活动满意度评估表②

评价内容	5	4	3	2	1
您对本次社区活动的总体评价	4	1	0	0	0
本次社区活动对您有帮助吗	5	0	0	0	0
在活动中您是否愿意与他人分享经验	3	1	1	0	0
工作人员的工作表现	5	0	0	0	0

① 参见周晓菁:《老年社区矫正对象社会融入的社会工作介入研究——以 S 市 C 街道为例》,西华大学 2020 年硕士学位论文,第 38 页。

② 参见周晓菁:《老年社区矫正对象社会融入的社会工作介入研究——以 S 市 C 街道为例》,西华大学 2020 年硕士学位论文,第 38 页。

表 3－8－5　“非暴力沟通”活动满意度评估表①

评价内容	5	4	3	2	1
您对本次社区活动的总体评价	5	0	0	0	0
本次社区活动对您有帮助吗	5	0	0	0	0
在活动中您是否愿意与他人分享经验	4	1	0	0	0
工作人员的工作表现	5	0	0	0	0

（三）干预效果评估

从个案和社区服务满意度评估表可以看出，5 位老年社区矫正对象满意度较高，在社工的帮助下其社会融入问题基本得到解决，基本实现服务目标：老年社区矫正对象与邻居关系得到了缓和，能够与邻居和谐相处；老年社区矫正对象的社会参与意识明显提升，从接案初期的自闭，不愿与任何人接触，开始转为信任并接受他人；通过社工的社区环境改造工作，社区居民对于老年社区矫正对象的敌对状态有所改观，老年社区矫正对象的社会融入程度有所提高。

上述干预试验的结果，印证了系统评价所产生证据的科学性：本次干预试验超过 6 个月，印证了长期持续的社会工作介入对促进老年社区矫正对象的社会融入有较为显著的效果；本次干预试验是社工在社会支持理论的指导下，通过个案服务和社区活动相结合的社会工作方法对服务对象实施的直接干预，印证了运用社会支持网络和社会工作实务相结合的方法对促进老年社区矫正对象的社会融入有较为显著的效果；本次干预试验

① 参见周晓菁：《老年社区矫正对象社会融入的社会工作介入研究——以 S 市 C 街道为例》，西华大学 2020 年硕士学位论文，第 38 页。

中，社工通过链接社区资源帮助老年社区矫正对象实现身份融入，社工以中立者的身份介入服务对象家庭纠纷调解、家庭关系恢复帮助老年社区矫正对象实现家庭融入，社工通过提升社会交往的意愿与能力帮助老年社区矫正对象实现社交融入，社工通过就业观念指导与就业资源链接帮助老年社区矫正对象实现职业融入，充分证明了社工网络资源的能力，同时印证了由家庭、邻里、社区、志愿者队伍、矫正社会组织等形成的社会支持网络，对老年社区矫正对象社会融入有较为显著的效果。

第二节　青少年社区矫正对象分类矫正措施实践检验

针对青少年社区矫正对象分类社区矫正措施选择，本书在第七章第二节通过系统评价得出如下结论：认知行为治疗对降低社区矫正再犯率有积极意义，相对于正式机构，认知行为治疗在社区环境中开展的疗效更好。同时，循证实效（可执行性、灵活性及可推广性）也为我们了解心理干预在社区矫正方面的证据现状提供了一个好方法，为未来的服务和研究提供启示。首先，认知行为治疗中的“问题解决技能训练”“集中学习”“情绪管理训练”3 个具体治疗方法对于降低再犯率有显著效果。在本次系统评价纳入的 4 篇原始研究中，此 3 个子项目治疗方式被多次采用，且相关的研究多为风险偏移较低的高质量研究，可以认为 3 个子项目的有效性得到一定程度的证实。其次，长期持续性的心理治疗对于再犯率降低有显著效果。本次系统评价纳入的 4 篇原始研究中，3/4 的心理治疗时间均高于 12 个月，并取得明显效果。经过6个月的心理治疗,社区矫正人员表现出物理攻击以及心理攻击行为的显著减少,自我损害的行为同样减少,建立起抵御共犯伙伴侵略和"邀约"的自尊,且在避免语言攻击谈判策略和自我效能感增加方面效果明显。在采用分段档案管理的研究中,坚持12个月以上的心理治疗接受者其再犯率远低于半途放弃者和拒绝接受者。此次系统评价产生的证据如何使用?其能否在司法实践中产生积极的矫正效果?笔者协同硕士研究生运用该证据对CD市S社区未成年社区矫正对象进行了相关社工干预试验,以检验系统评价结论的科学性。

一、CD市S社区未成年社区矫正对象基本情况

本研究依托位于CD市S社区的X社会工作服务中心,通过运用文献分析法、参与式观察法、访谈法、量表法等方式收集资料,较为全面地了解到S社区未成年社区矫正对象的基本概况(见表3-8-6)。调查发现CD市S社区未成年社区矫正对象普遍存在如下心理问题:家庭打压式教育,导致自卑且敏感脆弱;缺少规则意识,导致法律意识薄弱;自我控制能力差,导致习惯暴力解决问题;自我认知偏差,导致容易受外界环境影响。

表3-8-6　CD市S社区未成年社区矫正对象基本情况①

姓名	年龄(岁)	性别	涉罪事由	参与矫正时间
赵某某	14	男	盗窃案	6个月
周某	16	男	盗窃案	1年

① 参见彭路:《义务教育阶段社区矫正对象自我效能感提升的小组介入研究——以CD市S社区为例》,西华大学2021年硕士学位论文,第24页。

续表

姓名	年龄(岁)	性别	涉罪事由	参与矫正时间
严某	16	男	盗窃案	9个月
周某某	15	男	抢劫案	4个月
张某某	15	女	滋事案	5个月
管某	16	男	殴打案	6个月

二、基于自我效能感理论的未成年社区矫正对象心理干预社工介入策略

在社会工作专业理论和方法的指导下,以自我效能感理论为指导,设计“快乐相逢:学着用新的视角认识自己”“力量源泉:让自信成为习惯”“赋予能量:信念的精神动力”“知行合一:转变成为最好的自己”等小组活动进行未成年社区矫正对象心理的干预试验。

三、基于自我效能感理论的未成年社区矫正对象心理干预社工介入效果

(一)满意度评估

《小组满意度反馈表》共10个题,采用1~5计分,1表示“非常不符合”,5表示“非常符合”,统计分析得出小组成员每一次小组活动的满意度和细化指标情况(见表3-8-7)。

表 3-8-7 小组活动满意度分析①

细化指标	第一节小组活动	第二节小组活动	第三节小组活动	第四节小组活动	第五节小组活动	第六节小组活动
我对自己越来越了解,并积极地参与到每一项活动中	3.4	3.8	4.1	4.2	4.5	4.8
我愿意在小组活动中表达自己的想法	3.3	3.6	3.7	3.9	4.2	4.6
社工给予我鼓励	4.2	4.5	4.6	4.6	4.8	5
本次小组活动对我很有意义	4.1	4.2	4.4	4.5	4.7	4.8
本次活动中我很乐于分享我的经验	3.1	3.3	3.5	3.8	3.9	4.3
小组活动让我更加自信	3.3	3.4	3.8	4.1	4.3	4.5
我与其他成员在小组中相处越来越融洽	2.5	3.1	3.6	3.9	4.2	4.4
这次的小组活动很有趣	4.3	4.2	4.3	4.4	4.5	4.7
小组中其他成员的经验对我很有帮助	3.5	4.1	4.2	4.5	4.6	4.6
我认为所有成员都认真投入地参与小组活动	3.6	3.8	4.1	4.3	4.5	4.8
小组整体满意度	3.53	3.8	4.03	4.22	4.42	4.65

① 参见彭路:《义务教育阶段社区矫正对象自我效能感提升的小组介入研究——以 CD 市 S 社区为例》,西华大学 2021 年硕士学位论文,第 35 页。

从小组成员的满意度来看，小组活动的整体满意度呈现上升趋势，小组成员对活动整体相对较为满意。小组成员在活动中参与度越来越高，未成年社区矫正对象在主动表达和自信心方面分值大幅度上升。

（二）干预效果评估

未成年社区矫正对象在经过心理干预后，心理状态均表现出不同程度的改善（见表3-8-8）。

表3-8-8 组员自我评估报告①

姓名	自我报告
赵某某	认为自己最大的收获是改变了对社区矫正的既有偏见，能正确认识自己的优点，更加自信和阳光
周某	认为自己最大的改变是敢于表达自己，之前喜欢沉默，不善沟通，现在学会主动与同伴、同学交流，有了更多的朋友
严某	认为自己最大的收获是学会遇到问题时能控制情绪和合理表达
周某某	认为自己最大的收获是对自身有更深入的了解，找到了自己的优点，也掌握了和同伴交流的技巧
张某某	认为自己最大的改变是善于发现同伴的优点，并能敞开心扉与同伴沟通，自己变得开朗和自信
管某	认为自己最大的收获是树立了目标并明确了努力的方向，拥有一个健康的、积极向上的心态

为了解组员自我效能感的提升情况，运用《一般自我效能感量表GSES》对6名小组成员的自我效能感作前后对比，并将

① 参见彭路：《义务教育阶段社区矫正对象自我效能感提升的小组介入研究——以CD市S社区为例》，西华大学2021年硕士学位论文，第37页。

选项从 1 ~4 进行赋值,统计出小组成员自我效能感因素前后变化数据(见表 3 -8 -9)。

表 3 -8 -9　小组成员自我效能感的提升情况分析①

指　　标	前测(平均值)	后测(平均值)
1. 如果我尽力去做,我总是能够解决问题的	1.83	2.66
2. 即使别人反对我,我仍有办法取得我所要的	1.5	2.83
3. 对我来说,坚持理想和达成目标是轻而易举的	1.5	3.17
4. 我自信能有效地应付任何突如其来的事情	1.66	3.33
5. 以我的才智,我定能应付意料之外的情况	1.83	3
6. 如果我付出必要的努力,我一定能解决大多数的难题	1.66	3.17
7. 我能冷静地面对困难,因为我信赖自己处理问题的能力	2	3
8. 面对一个难题时,我通常能找到几个解决方法	1.33	2.83
9. 有麻烦的时候,我通常能想到一些应付的方法	1.33	3.17
10. 无论什么事情在我身上发生,我都能应付自如	1.83	2.83

① 参见彭路:《义务教育阶段社区矫正对象自我效能感提升的小组介入研究——以 CD 市 S 社区为例》,西华大学 2021 年硕士学位论文,第 37 ~38 页。

通过小组活动后发现:未成年社区矫正对象在规则意识、有效沟通、情绪管理、情感表达、目标设定方面均取得较大进步,达到了预期的目的。通过前测、后测对比也验证了干预措施的有效性。

上述干预试验的结果,印证了系统评价所产生证据的科学性:首先,本次干预试验所设计的"快乐相逢:学着用新的视角认识自己""力量源泉:让自信成为习惯""赋予能量:信念的精神动力""知行合一:转变成为最好的自己"等小组活动均围绕着"问题解决技能训练""集中学习""情绪管理训练"等项目进行设计和开展,并取得良好效果,印证了认知行为治疗中的"问题解决技能训练""集中学习""情绪管理训练"3 个具体治疗方法对于再犯率降低有显著效果;其次,本次针对未成年社区矫正对象心理干预的试验超过 6 个月,试验结束后未成年社区矫正对象在规则意识、有效沟通、情绪管理、情感表达、目标设定方面均取得较大进步,印证了长期持续性的心理治疗对于未成年社区矫正对象在建立起抵御共犯伙伴侵略和"邀约"的自尊以及自我效能感增加方面效果明显。

第九章

基于区块链技术的循证社区矫正模式构建

党的十九大报告指出："加强应用基础研究，拓展实施国家重大科技项目，突出关键共性技术、前沿引领技术、现代工程技术、颠覆性技术创新，为建设科技强国、质量强国、航天强国、网络强国、交通强国、数字中国、智慧社会提供有力支撑。"①其中"数字中国""智慧社会"首次写入党代会工作报告，进入公众视野。2019 年 10 月 24 日，在中央政治局第十八次集体学习时，习近平总书记强调，"把区块链作为核心技术自主创新的重要突破口""加快推动区块链技术和产业创新发展"②。如今，"区块链"已走进大众视野，成为社会的关注焦点。近年来，各地政府也开始意识到区块链技术对于本区域产业转型和经济发展的

① 《习近平在中国共产党第十九次全国代表大会上的报告》，载人民网 2017 年 10 月 28 日，http://cpc.people.com.cn/n1/2017/1028/c64094-29613660.html。

② 《习近平：把区块链作为核心技术自主创新重要突破口　加快推动区块链技术和产业创新发展》，载中国共产党新闻网 2019 年 10 月 26 日，http://cpc.people.com.cn/n1/2019/1026/c64094-31421707.html。

重要性。同时，区块链技术在优化政策制定和行政监管等方面也有着显著的优势。

目前，各省级地方司法厅均在积极落实司法部关于“数字法治、智慧司法”的部署，进一步提高社区矫正信息化水平，根据司法部关于“智慧矫正”建设相关要求，推动“智慧矫正”建设试点工作稳步开展。2019 年 11 月 16 日，司法部在南京举办“区块链 + 法治”论坛，强调要积极推进区块链技术与法治建设全面融合，要把“区块链 + 法治”作为“数字法治、智慧司法”建设新内容[①]。以佛山市禅城区推出的“区块链 + 社区矫正”为例，“社矫链”的应用正在打破传统社区矫正的局限性，以其区块链独有的技术和信息化优势推进社区矫正模式的改革。社区矫正作为我国国家与社会双本位犯罪预防模式的实践，司法体制和工作机制改革的重要内容，有着区别于其他刑罚的特点具有惩罚性和恢复性双重价值。在当前“智慧矫正”建设中值得关注的一个问题是：如何利用区块链技术推进循证社区矫正模式改革以实现社区矫正的效能最大化？本章将对上述问题进行分析。

第一节　传统社区矫正模式效能评价

最高人民法院、最高人民检察院、公安部和司法部于 2003 年联合发布《关于开展社区矫正试点工作的通知》标志着我国

---

① 《司法部举办“区块链 + 法治”论坛　强调抢抓机遇积极推进区块链技术与法治建设全面融合》，载中国法制信息网 2019 年 11 月 17 日，http://www.moj.gov.cn/news/content/2019 - 11/17/bnyw_3235971.html。

从2003年开始社区矫正试点，2005年最高人民法院、最高人民检察院、公安部和司法部又联合发布了《关于扩大社区矫正试点范围的通知》扩大试点范围，2009年最高人民法院、最高人民检察院、公安部、司法部发布《关于在全国试行社区矫正工作的意见》，至此中国社区矫正进入全国全面试行阶段。从2012年的《社区矫正法实施办法》到2019年的《社区矫正法》等规范性文件的相继出台对于推进我国社区矫正专业化、规范化、法治化建设提供了重要的制度支持。十几年来社区矫正工作有序推进，成果斐然。但同时，我们也应看到由于长期以来矫正实务过程管理较为粗放，矫正工作信息化程度较低、矫正方式主观单一，矫正队伍力量较为薄弱等问题仍然存在，社区矫正效果的发挥受到制约。

一、矫正队伍力量薄弱，部门配合度不高

社区矫正是一种开放性的刑罚执行方式，其显著特点就是充分利用社会资源，动员多方参与，集聚社会力量使罪犯早日回归社会，减少再犯率。根据《社区矫正法》第10条的规定，社区矫正机构应当配备具有法律等专业知识的专门国家工作人员，履行监督管理、教育帮扶等执法职责。同时该法第11条规定，社区矫正机构根据需要，组织具有法律、教育、心理、社会工作等专业知识或者实践经验的社会工作者开展社区矫正相关工作。

目前，司法实践中我国社区矫正队伍主要由社区矫正机构工作人员、司法所工作人员、社会工作者和社区矫正工作志愿者等组成。由于社区矫正机构是社区矫正工作的实施机构，社区矫正的主力军仍然是社区矫正机构工作人员，这就体现了社区矫正机构工作人员在社区矫正工作中的重要作用。社区矫正专

职队伍建设关系到社区矫正工作的实际开展质量，目前，社区矫正专职队伍建设主要面临以下问题：

一是人员配置不够。从笔者调研情况来看，人员不足是社区矫正专职队伍建设中的一个普遍问题，实践中一个社区矫正管理局下设几个工作岗位，却需要同时管理几百个在册社区矫正对象。此外，根据《社区矫正法》第 9 条的规定，司法所根据社区矫正机构的委托，承担社区矫正相关工作，但实践中司法所的日常管理工作也是非常繁重的。以四川省为例，司法所作为县级司法行政机关的派出机构，其人员往往为 1 ~ 3 人，根据《四川省社区矫正实施细则（试行）》第 18 条的规定，司法所在社区矫正工作中包含的职责共 11 项。司法所承担社区矫正日常工作，主要履行以下职责：《四川省社区矫正实施细则（试行）》第 18 条的规定，司法所在社区矫正工作中包含的职责共 11 项。司法所承担社区矫正日常工作，主要履行以下职责："（一）开展调查评估并及时向社区矫正机构反馈评估意见；（二）根据社区矫正机构指派接收社区矫正对象，建立工作档案；（三）建立矫正小组，组织矫正小组开展工作，制定和落实矫正方案；（四）组织入矫和解矫宣告；（五）开展社区矫正监督管理工作，落实走访考察、通信联络、信息化核查、定期报到、核查病情复查情况等措施，了解掌握社区矫正对象的活动情况和行为表现，并及时向社区矫正机构报告有关情况；（六）协助查找失去联系的社区矫正对象，查找后依情形提出处理意见；（七）对社区矫正对象申请会客、外出、进入特定场所、变更执行地等事项进行调查核实，提出意见；（八）审批社区矫正对象七日内外出，呈报七日以上外出，负责办理销假手续；（九）组织社区矫正对象开展教育学习和公益活动；（十）根据社区矫正对象的现实表现，提出考核奖惩建议;(十一)其他委托事项。”但社区矫正工作仅仅是司法所应履行的职责之一,司法所还应指导和管理人民调解、法律援助、基层法律服务、安置帮教、法制宣传、依法治理等各项职责。较于司法所所要实施的工作,司法所的人员配置还存在不足的问题。

二是人员专业素质有待加强。社区矫正并不是单纯的刑罚执行活动,教育与帮助社区矫正对象是社区矫正工作中的重要内容,这就要求专职社区矫正工作人员具有较高的综合素质,具备一定的社会学及心理学等学科知识,然而,目前我国的部分社区矫正机构工作人员学科背景单一,距社区矫正工作要求具备的社会学、心理学、法学、教育学等复合型人才标准相差甚远。他们也许擅长普法工作,但帮助和疏导社区矫正对象的能力还需要加以提升。部分地方发生的司法所工作人员侵犯社区矫正对象合法权益的事件也在某种程度上提示了提升人员专业素质的必要性。

三是部门之间配合度不高。社区矫正的实施过程需要司法行政机关与公、检、法等部门之间的相互配合、实现各机构的矫正工作动态数据共享。2021 年 2 月 27 日,经中央批准,全国政法队伍教育整顿动员部署会议在北京召开,从目前的整顿成效来看,在社区矫正领域,公、检、法、司之间的关系得到进一步调整,工作的配合度已有明显提高。但由于缺乏统筹的信息交换平台,各地矫正机构之间以及公、检、法、司之间仍未实现信息共享,社区矫正信息化管理还不够便捷。人口是社会经济活动的主体,市场经济的发展必然加剧人口流动,居民的户籍所在地和经常居住地可能存在不一样的情形,还有可能存在居无定所根本无法确定其居住地的情况,这对于社区矫正的“经常性跨市县监管”工作提出较大挑战。《社区矫正法》第 17 条规定社区矫正决定机关在判处管制、宣告缓刑、裁定假释、决定或者批准暂予监外执行时应当确定社区矫正执行地。社区矫正执行地为社区矫正对象的居住地。社区矫正对象在多个地方居住的,可以确定经常居住地为执行地。社区矫正对象的居住地、经常居住地无法确定或者不适宜执行社区矫正的,社区矫正决定机关应当根据有利于社区矫正对象接受矫正、更好地融入社会的原则,确定执行地。司法实践中有部分矫正对象利用制度漏洞来规避社区矫正监管,选择四处奔波、居无定所,还有的社区矫正对象在矫正期间频繁地跨区县流动。在这些情况下,即使是通过手机定位等方式,也不能形成一种完整的信息链,无法准确掌握矫正对象的真实情况,无法保障社会安全,防止其再犯罪。上述信息的缺失导致脱管、漏管现象发生,在一定程度上影响着社区矫正制度功能的发挥。如何实现各地社区矫正机构之间以及公、检、法、司之间在社区矫正工作中的信息共享、相互配合,做到既充分保障社区矫正对象的人权,又避免出现管理漏洞,是有待解决的现实问题。①

二、缺乏社会认同,民众参与度不高

"社区"不仅是一个空间概念,更是一个群体概念,社区矫正就是指将罪犯置于社区中,利用社会力量对其进行教育改造。此次社区矫正立法高度重视民间力量的参与,在"总则"中确立了"专门机关与社会力量相结合"的基本原则,并在第 11 条至

---

① 参见刘寅生、袁颖、陈珊:《基于区块链技术的社区矫正模式改革研究》,载肖乾利主编:《社区矫正理论与实务研究》(第 3 卷),法律出版社 2021 年版,第 371 页。

第 13 条、第 25 条,第 38 条至第 41 条规范了社会力量参与社区矫正的形式与内容。由于受到我国传统刑罚观念的束缚,民众对社区矫正的认知存在局限性,把对符合社区矫正条件的矫正对象的帮扶曲解为对罪犯的纵容,导致社区居民对社区矫正工作的参与度不高。实践中存在不少社区民众排斥矫正对象的现象,矫正对象往往被标签化,不利于矫正对象回归社会。社会的认同是社区矫正对象回归社会的重要前提。如果可以通过真实有效的数据记录并反映社区矫正对象的行为表现以及社区矫正对象的再犯率,客观数据能进一步增强社区居民安全感,便可以帮助社区矫正对象进一步获得社会的认同,社会力量的参与方能增加社区矫正制度的效能。[①]

三、信息化建设滞后,监管效率不高

大多数社区矫正机构的监管手段仍采用传统“人盯人”方式,一个社区矫正机构工作人员负责多个社区矫正对象,主要通过手机定位、定期汇报、实地走访、集中教育等传统方式进行监管,耗费大量人力资源,对社区矫正工作人员的数量和能力均提出较高要求。如前所述,司法部已经提出关于“数字法治、智慧司法”的部署和关于“智慧矫正”建设的要求,但囿于各地信息化平台建设周期及智能程序设计等原因,现有的智慧矫正建设还有待进一步优化,提高社区矫正信息化程度从而节省工作时间。特别是需要进一步优化电子设备和信息传输方式,实现对

① 参见刘寅生、袁颖、陈珊:《基于区块链技术的社区矫正模式改革研究》,载肖乾利主编:《社区矫正理论与实务研究》(第 3 卷),法律出版社 2021 年版,第 372 页。

社区矫正对象的实时监督和信息化核查，依靠各种真实数据记录与统计分析，提高社区矫正监管效率和力度。

四、矫正方式单一，过程管理粗放

目前，尽管我国在《刑法》《刑事诉讼法》《监狱法》《社区矫正法》《社区矫正法实施办法》等规范性文件中都对社区矫正作了相关规定，为社区矫正的实践工作提供了法律依据，但社区矫正的具体运行程序还有待进一步细化。虽然《社区矫正法》明确提出社区矫正应采取分类管理、个别化矫正，但长期以来，由于各地缺乏对社区矫正工作内容与管理方式的具体规定，导致各地社区矫正普遍出现管理粗放的问题：在矫正前，缺乏对矫正对象危险性评估及个别化矫正方案的制订，使矫正工作缺乏针对性；在矫正过程中，缺乏矫正量化考察系统，未能灵活地根据矫正对象实际情况不断调整矫正方案和矫正项目；在矫正后期，缺乏对矫正效果的精准评估，社区矫正难以达到最佳效果。监督管理、教育矫正、帮困扶助是全国社区矫正工作会议上特别强调的做好社区矫正工作的三项内容，但每个社区矫正对象矫正工作重点应有所区别。但实践中有的地方司法行政机关可能存在僵化理解社区矫正工作内容的问题，社区矫正基本还是简单的公益劳动、教育学习、心理矫治、职业培训和就业指导这些传统项目，且每个社区矫正对象“一刀切”式的采用几乎相同的矫正方法，导致社区矫正工作内容在执行中未能与司法实践相配套，难以满足社区矫正对象的多元需求。①

---

① 参见杨海：《我国农村社区矫正研究》，吉林大学 2011 年硕士学位论文，第 13 页。

第二节　区块链助力循证社区矫正何以可能

区块链具有去中心、去信任和开放性等特征，其既适用于利益关系分散、信任驱动力弱的场景；也适合规则约束性差和使用协议规则、社会规则进行约束的场景①。而“区块链 + 循证社区矫正”可以融合公安、检察院、法院以及司法行政部门的信息数据与最佳矫正证据，实现数据资源共享、工作业务协同、实时实地监管、科学信用评价与循证分类矫正等功能，为社区矫正工作的转型升级以及实现“共建共治共享”的社会格局提供强大的驱动力。

一、区块链的优势

（一）区块链的反篡改性

首先，区块链采取分布式存储，其原理在于多节点备份。区块链将社区矫正数据和社区矫正证据多次进行打包备份，保证了数据和证据存储的安全性，同时，分布式存储方式增加了篡改数据和证据的成本与工作量，使得数据和证据被篡改的难度增大②。

其次，区块链采取单向密码的加密方式。其原理是指明文到密码功能上采取不可逆的密码。系统中存储加密口令，通过

---

① 参见傅晓阳：《区块链技术应用探索》，载《中国金融》2018 年第 2 期，第 73 ~ 74 页。

② 参见樊沛鑫：《区块链技术的应用与法治发展》，载《人民法院报》2020 年 3 月 5 日，第 8 版。

给口令加密得到检验。输入后，就会与存储的加密口令相比较，使得攻击者即使得到非法存取计算机存储器也不能确定口令的明码形式。此种加密方式让篡改的行为留下痕迹，更易发现被篡改的数据。区块链在社区矫正数据整合与分析、证据获取与存储过程中提供具有普适性的去中心化技术，而智能合约作为区块链技术的基础，可以应用到不同的场景。因此，将区块链应用于社区矫正制度中，其关键在于为司法行政部门等开展社区矫正工作提供智能合约的应用接口。

（二）区块链链式存储具有阶段性

链式存储的逻辑在于：首先，对数据进行打包并上传；其次，数据的载体相较于传统模式产生改变，其外在载体从传统的 PC 机、移动通讯设备、硬盘转变为区块链网络中的各个节点，而内在载体从 0、1 的常规计算机语言转化为固定数位的哈希值[①]。因此，分布式的存储方式和单向密码的加密方式，外在载体转化为区块链网络节点以及内在载体转化为哈希值，在技术层面可以防止数据被篡改。

“区块链 + 循证社区矫正”模式中，矫正数据和最佳证据的使用主要经过以下步骤：

1. 区块链技术对某一时间点上传的矫正数据和矫正证据进行打包再上传到节点，形成相应的数据块和证据块。

2. 将打包好的数据块和证据块上传到社区矫正的整个区块链网络，完整的区块链网络的其他节点会对新上传的数据块和证据块进行验证，将经过验证的数据块和证据块备份到本地服

---

① 参见仲蓓鑫、林浩、孔苏鹏、程实：《基于区块链技术的多源网络数据隐私保护方法》，载《信息安全研究》2021 年第 1 期，第 86～89 页。

务器中。

3. 当区块链网络中的节点更新内容时,区块链网络中的其他节点在不被修改的前提下会对新更新节点的数据和证据进行打包,由此形成了2~3个数据块和证据块。并通过第二个程序进行验证备份。

二、区块链助力循证社区矫正的可行性

(一)区块链通过打破信息壁垒,有助于信息数据实时共享

在入矫环节,按照相关规定,非本地户籍社区矫正对象需要提供矫正地的居住证明和稳定收入证明两项数据,才能在本地进行社区矫正。但居住证明和稳定收入证明需要到本地流动人口办公室开具。但在"区块链+循证社区矫正"模式下,可以启动矫正数据块,通过在线身份平台进行身份认证,在横向上,打通与社区矫正相关的公安、检察院、法院、司法行政部门的信息壁垒,实现信息的实时共享,更为精确地掌握社区矫正对象的信息动态,以实现矫正数据的线上直通传输,让各机构之间的数据流畅共享,减少工作人员的办事流程,提高部门之间的协同性。此外,区块链在社区矫正数据整合与分析、证据获取与存储过程中提供具有普适性的去中心化技术,而智能合约作为区块链技术的基础,可以应用到信息化监管等场景,实现"智慧矫正"。各地社区矫正机构可以通过智能合约达成联合监管协议,为司法行政部门开展社区矫正工作提供智能合约的应用接口,以便授权社区矫正对象跨区县流动中途径的任何一个节点上的社区矫正机构的监管权限,并通过区块链上存储的"证据块"的信息共享分享针对此类矫正对象目前已获取的最

佳矫正证据，从而打破以户籍所在地司法行政机构管理的地域局限。

（二）区块链通过矫正状态的实时掌握，有助于提高社区矫正的监督效率

传统的社区矫正监督模式主要基于矫正对象定期汇报、集中学习、工作人员实地走访调查、电子监控等程序。但在"区块链+循证社区矫正"模式下，工作人员仅需要打开矫正平台查看档案菜单，便可轻松获取社区矫正对象的个人信息，实时掌握其矫正状态，并且系统还可以根据矫正对象的人身危险性、社会危害性以及人口学特征等在矫正证据库中筛选并推荐最佳矫正证据。在监督管理社区矫正对象的同时，可以对工作人员的工作质量和效率进行量化考评，提升社区矫正工作质量和工作效率。

（三）区块链通过构建信用模型，有助于社区矫正对象重返社会

通过社区矫正，社区矫正对象的"自我认知程度低""自我效能感低"等心理负面状态得到一定程度的矫正，但在社区矫正完成后，其又通常会陷入"社会接受度低""自我证明力低"等困境。在"区块链+循证社区矫正"模式下，社区矫正对象的自我证明力可以得到显著提升。区块链查询平台可以对矫正对象的日常轨迹和行为进行评价，该信用评价模型会将矫正记录以及矫正对象的日常行为记入个人信用评价系统，以提升矫正对象的自我改造证明力。同时，可以依据该信用评分对矫正对象推荐更具针对性的矫正证据：以社区矫正平台的数据为依据，对信用好的社区矫正对象根据其自身特性给予创业扶持、技能培训、工作介绍；而对信用差的矫正对象，提供更具针对性的监督

和教育改造。

（四）区块链通过建立"个人数据空间"，有助于降低再犯率

目前的社区矫正模式对于社区矫正对象重返社会后的（再）社会化程度调查统计并不及时，矫正成果的评价体系尚不完善，如果不能及时通过社会支持网络构建、心理干预、就业培训等措施帮助社区矫正对象提高其社会适应能力，那么社区矫正对象在重返社会后再次犯罪的可能性较高。在"区块链 + 循证社区矫正"模式下，通过区块链技术为社区矫正对象建立"个人数据空间"，该功能不仅记录矫正对象在矫正期间的表现，还会在矫正完成后对矫正对象的行为表现进行随访调查。其目的是通过对其在一定时期内的行为表现、帮扶记录进行数据分析，对于存在潜在社会危险性和人身危险性的人员进行重点监督，并及时向监管单位报告确定重点监管对象，降低再犯率。除此之外，银行、保险、教育、通信等机构可以通过对其"个人数据空间"进行查询和评价，协同监管部门规范社区矫正对象的日常行为，也有助于降低矫正对象再犯罪的可能性。

（五）区块链通过对数据载体的信用担保，有助于保障社区矫正对象隐私

对社区矫正数据流转、移送阶段的载体提供信用担保，但并不涉及数据的内容，保障了社区矫正对象的隐私。传统模式下的社区矫正，人工传输数据过程中难免对信息的完整性产生影响，信息的真实度也会因人工的干预而下降，容易出现数据失真和传输不及时。但在"区块链 + 循证社区矫正"模式下，因为区块链具备去信任化和反篡改的功能特征，在载体和内容上也可

以做到相互区分，社区矫正数据的真实性将得到有效保障，其数据信息传输的各个阶段分别进行，环节的纰漏也不会对矫正数据的真实性产生较大的影响，故能保证矫正数据传输效率的提高，且不涉及具体信息，避免了信息的失真，也保障了社区矫正对象的隐私。①

（六）区块链为循证证据库构建提供技术支持，有助于实现分类矫正

通过循证实践方法不仅可以为社区矫正制度的优化提供科学证据，同时通过循证证据库的打造，能够生成更多科学证据供实务部门参考。通过循证系统评价产生的高级别证据可以通过区块链技术实现线上平台的存储与使用，而使用此证据及其所产生的矫正效果被录入平台后又可作为一次新的原始试验（研究）供研究者进行系统评价并择优推广。以此不断充实相关证据库和数据库，整合最优资源、实现信息共享，从而为分类矫正工作提供丰富的实证材料。

第三节　基于区块链技术的循证社区矫正模式构建

将区块链技术应用于社区矫正，是一种推进“数字法治、智慧司法”，实现“智慧矫正”的全新路径。实现“区块链 + 循证社

---

① 参见刘寅生、袁颖、陈珊：《基于区块链技术的社区矫正模式改革研究》，载肖乾利主编：《社区矫正理论与实务研究》（第 3 卷），法律出版社 2021 年版，第 373 ~ 375 页。

区矫正”的新模式，有赖于在聚焦区块链信息存储安全性的同时，整合学习各地司法实践的成功经验，建立统一平台、推进体系建设、细化操作标准。

一、建立统一的“区块链 + 循证社区矫正”平台

《社区矫正法》第 5 条规定：“国家支持社区矫正机构提高信息化水平，运用现代信息技术开展监督管理和教育帮扶。社区矫正工作相关部门之间依法进行信息共享。”且对信息化核查、使用电子定位装置作出了专门的规定。由此可见，国家鼓励并支持现代信息化技术应用于社区矫正。前述，“区块链 + 循证社区矫正”具有技术上的显著优势，但目前各地尚未建立起统一的“区块链 + 循证社区矫正”信息平台。以佛山市禅城区“社矫链”为例的地方社区矫正信息平台正在逐步建立，但缺乏统一的全国性“区块链 + 循证社区矫正”平台，无法打破各地信息壁垒，不利于推动各矫正机构的信息流通。国家应当在鼓励信息化技术应用社区矫正的同时，以成功地区的平台建设经验为基础，积极开展“区块链 + 循证社区矫正”平台的建设工作，生成更多科学证据，构建“中国循证社区矫正干预措施”证据库，整合多个地区循证矫正干预措施后获得的最佳矫正证据及经过科学和实践检验的社区矫正方案；逐步构建大数据网络，传播有效的矫正措施，为基层社区矫正工作提供参考。

二、推进“区块链 + 循证社区矫正”监管体系建设

区块链技术与社区矫正制度具有高度契合性，在推进社区矫正模式转变过程中具有巨大的优势，但也存在着传输数

据过程中被侵入的风险、智能合约的不稳定性等不足。除此之外，在社区矫正过程中使用区块链技术也存在着缺乏监管的问题。2019年2月15日，国家互联网信息办公室施行了我国第一部关于区块链技术应用的管理规定《区块链信息服务管理规定》，该规定弥补了对于区块链技术应用于市场的规则空白，规定了区块链信息服务的备案流程以及信息服务提供者的法律责任和违规后的制裁措施，对于维护区块链技术的应用起到一定的积极作用。但该规定还无法解决区块链专项立法缺失的问题。当前，必须推进"区块链+循证社区矫正"监管体系的建设，"以链治链"，充分利用区块链技术对该模式进行监管。区块链监管的重心应当置于社区矫正平台和社区矫正工作人员上，实现传统的监管模式向自动化监管模式的转变，增强对社区矫正工作人员和平台监管的精准性，以此提升"区块链+循证社区矫正"的安全性，应对新模式带来的挑战和风险。

三、细化"区块链+循证社区矫正"平台的操作标准

社区矫正的实施针对不同的矫正对象需要采取不同的措施，但在"区块链+循证社区矫正"的模式下如何细化仍然缺乏具体的标准。在社区矫正过程中，要明确不同的考核评价标准，首先，在入矫阶段，关键是掌握矫正对象的犯罪和认罪情况；在矫正阶段，考察矫正对象的矫正效果和悔罪情况；在解矫阶段，注重其回归社会的能力，必要时采取帮扶和再教育。其次，要结合不同矫正对象的人口学特征和人身危险性，明确针对不同的管理等级采取不同的管理措施，可以将社区矫正对象分为：普通、严格、重点三个等级，再根据不同等级嵌入区块链平台匹配

相应的管理措施，并由“中国循证社区矫正干预措施”证据库推荐与社区矫正对象相对应的最佳矫正证据。[1]

---

① 参见刘寅生、袁颖、陈珊：《基于区块链技术的社区矫正模式改革研究》，载肖乾利主编：《社区矫正理论与实务研究》（第3卷），法律出版社2021年版，第375～377页。

参 考 文 献

一、学术专著及论文集

[1]Dobson D & Dobson KS, *Evidenced – based practice of cognitive – behavioral therapy*, New York, Guilford, 2009.

[2]Lipton DS, Pearson FS & Cleland CM, et al., *The effectiveness of cognitive – behavioural treatment methods on recidivism: meta – analytic outcomes from the CDATE project*, New Jersey: John Wiley & Sons Ltd, 2008.

[3]Porta M, *A dictionary of epidemiology*, 5th ed. Oxford: Oxford University Press, 2008.

[4]ANDREWS D A & BONTA J, *The psychology of criminal conduct*, Cincinnati, OH: Anderson, 1998.

[5]Evidence – based Medicine Working Group, *Evidence – based Medicine: A New Approach to Teaching the Practice of Medicine*, 1992.

[6]肖乾利主编:《社区矫正理论与实务研究》(第3卷),法律出版社2021年版。

[7]卡罗尔·D:《循证心理治疗的实践与研究》,商务印书馆2021年版。

[8]吴宗宪:《社区矫正导论》,中国人民大学出版社2020年版。

[9]连春亮:《社区矫正理论与实务》,法律出版社2020年版。

[10]王爱立:《中华人民共和国社区矫正法解读》,中国法制出版社2020年版。

[11]周健宇:《社区矫正人员帮扶体系比较研究》,法律出版社 2020 年版。
[12]中国老年学和老年医学学会:《新时代积极应对人口老龄化研究文集—2020》,华龄出版社 2020 年版。
[13]原华荣等:《中国少数民族人口学特征地域性的理论与实证》,浙江大学出版社 2019 年版。
[14]程潮:《社区矫正工作评估》,社会科学文献出版社 2019 年版。
[15]高贞:《循证矫正理论研究和实践探索》,法律出版社 2019 年版。
[16]司法部社区矫正管理局:《组织社会力量参与社区矫正工作的探索与实践》,法律出版社 2017 年版。
[17]金川:《社区矫正机关队伍建设与教育矫正研究》,法律出版社 2017 年版。
[18]张苏军:《循证矫正在中国的实践探索》,法律出版社 2016 年版。
[19]孔一:《社区矫正人员再犯风险评估与控制》,法律出版社 2015 年版。
[20]范燕宁:《社区矫正社会工作》,中国人民公安大学出版社 2015 年版。
[21]宋行主编:《服刑人员个案矫正技术》,法律出版社 2006 年版。
[22]张建明主编:《社区矫正实务》,中国政法大学出版社 2013 年版。
[23]罗杰、冷卫东主编:《系统评价/Meta 分析理论与实践》,军事医学科学出版社 2013 年版。
[24]吴宗宪:《社区矫正比较研究》(上),中国人民大学出版社 2011 年版。
[25]吴宗宪:《社区矫正比较研究》(下),中国人民大学出版社 2011 年版。
[26]姜祖桢主编:《社区矫正理论与实务》,法律出版社 2010 年版。
[27]史柏年:《社会保障概论》,高等教育出版社 2012 年版。
[28]贾宇:《社区矫正导论》,北京知识产权出版社 2010 年版。
[29]范燕宁、席小华主编:《矫正社会工作研究》,中国人民公安大学出版社 2008 年版。
[30]荣容、肖君拥主编:《社区矫正的理论与制度》,中国民主法制出版社 2007 年版。
[31]胡虎林:《社区矫正实务》,浙江大学出版社 2007 年版。

[32][德]弗兰茨·冯·李斯特:《德国刑法教科书》,徐久生译,法律出版社 2006 年版。

[33][美]丹尼斯·塞勒伯编著:《优势视角:社会工作实践的新模式》,李亚文、杜立捷译,华东理工大学出版社 2004 年版。

[34][英]吉米·边沁:《立法理论》,李方贵等译,中国人民公安大学出版社 2004 年版。

[35]吴宗宪、陈志海、叶旦生、马晓东:《非监禁刑研究》,中国人民公安大学出版社 2003 年版。

[36]郑杭生主编:《社会学概论新修》,中国人民大学出版社 2003 年版。

[37]马克昌主编:《刑罚通论》,武汉大学出版社 2002 年版。

[38]王平:《中国监狱化改革及其现代化》,中国方正出版社 1999 年版。

二、期刊文献

[1]TP Quinn& EL Quinn, *The effect of cognitive – behavioral therapy on driving while intoxicated recidivism*, Journal of Drug Issues, (2015).

[2]BO Burraston, DJ Cherrington & SJ Bahr, *Reducing juvenile recidivism with cognitive training and a cell phone follow – up: an evaluation of the realvictory program*, Int J Offender Ther Comp Criminol, (2010).

[3]Hilde Wermink, Arjan Blokland & Paul Nieuwbeerta, et al., *Comparing the effects of community service and short – term imprisonment on recidivism: a matched samples approach*, J Exp Criminol, (2010).

[4]Andrews DA & Bonta JL, *Rehabilitating criminal justice policy and practice*, *Psychology*, Public Policy, and Law, (2010).

[5]Moher D, Liberati A & Tetzlaff J, et al., *Preferred reporting items for systematic reviews and meta – analyses: the PRISMA Statement*, Ann Intern Med, (2009).

[6]MCGUIRE J, BILBY C A L & HATCHE R M R, et al., *Evaluation of structured cognitive – behavioural treatment programes in reducing crimi-*

nal recidivism, Journal of Experimental Criminology, March, (2008).

[7] CR Hollin, J McGuire & JC Hounsome, et al., *Cognitive skills behavior programs for Offenders in the Community A Reconviction Analysis*, Criminal Justice and Behavior, (2008).

[8] Richard C. Rapp, *The Strengths Perspective: Proving "My Strengths" and "It Works"*, Social Work, (2007).

[9] Wilson DB, Bouffard LA & Mackenzie DL, *A quantitative review of structured, group – oriented, cognitive – behavioral programs for offenders*, Criminal Justice &Behavior, (2005).

[10] David B & Wilson, Doris L, et al., *Effects of correctional boot camps on offending*, The American Academy of Political and Social Science, (2005).

[11] Nana A. Landenberger & Mark W Lipsey, *The positive effects of cognitive – behavioral programs for offenders: a meta – analysis of factors associated with effective treatment*, Journal of Experimental Criminology, (2005).

[12] JIANG S & FISHER – GIORLANDO M, MO L, *Social Support and Inmate Rule Violations: A Multilevel Analysis*, American Journal of Criminal Justice, (2005).

[13] LANDENBERGER N A & LIPSEY M W, *The positive effects of cognitive behavioral programs for offenders: A meta – analysis of factors associated with effective treatment*, Journal of Experimental Criminology, (2005).

[14] Charles A, *Rapp, Dennis Sleebey & W. Patrick Sullivan*, *The future of strength – based social work*, Advances in Social Work, Vol. 6, No. 1, (2005).

[15] Mcmillen J C, Morris L & Sherraden M, *Ending Social Work's Grudge Match: Problems Versus Strengths*, Families in Society the Journal of

Contemporary Human Services, (2004).

[16] MORREL T M, ELLIOTT J D & MURPHY C M, et al., *Cognitive Behavioral and Supportive Group Treatments for Partner – Violent Men*, Behavior Therapy, (2003).

[17] Pearson FS, Lipton DS & Cleland CM, et al., *The effects of behavioral/cognitive – behavioral programs on recidivism*, Crime & Deliquency, (2002).

[18] Frank S, Pearson Douglas S & Lipton Charles M, et al., *The Effects of Behavioral/Cognitive – Behavioral Programs on Recidivism*, Crime & Delinquency, July 1, (2002).

[19] KE Aytes, SS Olsen & T Zakrajsek, et al., *Cognitive Behavioral Treatment for Sexual Offenders: An Examination of Recidivism*, Sexual Abuse A Journal of Rcscarch & Trcatment, (2001).

[20] Brun C & Rapp R C, *Strengths – based case management: individuals' perspectives on strengths and the case manager relationship*, Social Work, (2001).

[21] Izzo RL & Ross RR, *Meta – analysis of rehabilitation programs for juvenile delinquents*, Criminal Justice and Behavior, (1990).

[22] ANDREWS D A, ZINGER I & HOGE R D, et al., *Doescorrectional treatment work? A clinically relevant and psychologically – informed meta – analysis*, Criminology, (1990).

[23] John T. Whitehead, *A meta – analysis of juvenile correctional treatment*, Journal of Research in Crime and Delinquency, (1989).

[24] WHITEHEAD J T & LAB S P., *A meta – analysis of juvenile correctional treatment*, Journal of Research in Crime and Delinquency, (1989).

[25] GARRETT C J, *Effects of residential treatment of adjudicated delinquents*, A meta – analysis, Journal of Research in Crime and Delinquency,

(1985).

[26]穆光宗、林进龙:《新时期中国人口学的发展方向》,载《江淮论坛》2021 年第 1 期。

[27]仲蓓鑫、林浩、孔苏鹏、程实:《基于区块链技术的多源网络数据隐私保护方法》,载《信息安全研究》2021 年第 1 期。

[28]王喆:《协同治理:社会组织参与社区矫正的一种实现方式》,载《社会科学战线》2021 年第 1 期。

[29]蔡禾、王帅之:《论城市社区矫正对社区凝聚力的影响》,载《学术月刊》2021 年第 2 期。

[30]郑洁、袁传有:《社区矫正中司法社工身份的话语构建》,载《现代外语》2021 年第 2 期。

[31]朱晓静:《当社区矫正遇见精准扶贫:欠发达地区社区矫正新模式研究》,载《中国软科学》2021 年第 4 期。

[32]韩舒:《美国私营监狱问题分析》,载《产业与科技论坛》2020 年第 1 期。

[33]崔会如:《〈社区矫正法〉实施背景下司法行政机关的机遇、挑战及应对》,载《天津法学》2020 年第 3 期。

[34]陈珊:《公证参与老年意定监护的功能耦合与制度接驳》,载《贵州社会科学》2020 年第 4 期。

[35]樊沛鑫:《区块链技术的应用与法治发展》,载《人民法院报》2020 年 3 月 5 日,第 8 版。

[36]尹德挺、营立成、郑澜、董亭月:《试论中国人口学的本土特色——基于学科体系、学术体系与话语体系的视角》,载《北京行政学院学报》2020 年第 6 期。

[37]李岚林:《"柔性"矫正:未成年人社区矫正的理论溯源与实践路径》,载《河北法学》2020 年第 10 期。

[38]自正法:《涉罪未成年人社区矫正的实证考察与治理路径》,载《西南民族大学学报(人文社科版)》2020 年第 10 期。

[39]梅传强、周鹏程:《论区块链技术在社区矫正制度中的适用》,载《重庆社会科学》2020 年第 11 期。

[40]陈珊、冉宇鹤、彭萱:《认知行为治疗降低社区矫正对象再犯率有效性的质性系统评价》,载《宜宾学院学报》2019 年第 7 期。

[41]王燕、张晋:《原理与路径:社区矫正服刑人员社会支持实证分析——以江苏省 A 市 C 区为例》,载《青少年犯罪问题》2019 年第 6 期。

[42]傅晓阳:《区块链技术应用探索》,载《中国金融》2018 年第 2 期。

[43]李西臣:《少数民族地区社区服刑人员的异质性及其分类矫正路径研究》,载《云南民族大学学报(哲学社会科学版)》2018 年第 3 期。

[44]杨克虎:《循证社会科学的产生、发展与未来》,载《图书与情报》2018 年第 3 期。

[45]陈珊、童峰、齐铱等:《认知行为治疗降低社区服刑人员再犯率有效性的系统评价》,载《中国心理卫生杂志》2018 年第 9 期。

[46]曹颖:《女性社区矫正对象社会支持网模式研究》,载《犯罪与改造研究》2017 年第 3 期。

[47]童峰、庄世龙、张洪嘉:《社会科学实践研究的新方向:循证实践》,载《重庆工商大学学报(社会科学版)》2017 年第 5 期。

[48]符慧君:《论我国老年犯的社区矫正》,载《法制博览》2017 年第 9 期。

[49]张学军、肖群娣:《未成年犯社区矫正过程中社会支持系统的构建》,载《福州大学学报(哲学社会科学版)》2016 年第 1 期。

[50]郑永君:《青少年社区矫正对象的社会支持及其影响因素》,载《青年探索》2016 年第 5 期。

[51]王中岭:《基于优势视角下的社会工作介入青少年社区工作矫正研究》,载《教育现代化》2016 年第 9 期。

[52]赵晓风:《论未成年人违法犯罪心理干预机制建构》,载《预防青少年犯罪研究》2015 年第 1 期。

[53]罗彤彤、乐传永:《论老年教育支持服务体系的构建——基于社会支持理论》,载《中国成人教育》2015 年第 2 期。

[54]张济洲、苏春景:《公众认同、社会支持与教育矫正质量——基于山东省社区服刑青少年调查》,载《预防青少年犯罪研究》2015 年第 4 期。

[55]陈珊、冯永泰:《循证社区矫正制度研究》,载《法制与社会》2015 年第 17 期。

[56]雷小政:《涉罪未成年人心理辅导与矫治机制改革》,载《中国刑事法杂志》2014 年第 1 期。

[57]杨文登:《社会工作的循证实践:西方社会工作发展的新方向》,载《广州大学学报(社会科学版)》2014 年第 2 期。

[58]杨彩云:《社区服刑人员的社会融入与精神健康:基于上海的实证研究》,载《华东理工大学学报(社会科学版)》2014 年第 4 期。

[59]黄延峰:《恢复性司法视域下未成年犯社区矫正研究》,载《学术探讨》2014 年第 10 期。

[60]张慧聪:《论我国老年犯的社区矫正》,载《周口师范学院学报》2013 年第 1 期。

[61]方曙光:《社会支持理论视域下失独老人的社会生活重建》,载《国家行政学院学报》2013 年第 4 期。

[62]赵明思:《优势视角:社会工作理论与实践新模式》,载《社会福利:理论版》2013 年第 8 期。

[63]司法部社区矫正局:《健全社区矫正法律制度完善中国特色刑罚执行制度:司法部召开健全社区矫正法律制度研讨会综述》,载《中国司法》2013 年第 10 期。

[64]曾宪涛、包翠萍、曹世义等:《Meta 分析系列之三:随机对照试验的质量评价工具》,载《中国循证心血管医学杂志》2012 年第 3 期。

[65]井世洁:《断裂与重构:社区矫正青少年的社会支持——以上海市 J 区为例》,载《社会科学》2012 年第 9 期。

[66]张娜:《老年犯非监禁执行模式的法理学思考》,载《中共山西省直机关党校学报》2012 年第 4 期。

[67]李晓娥:《社区服刑人员社会支持系统调查研究——以河北省某市为

例》,载《中国人民公安大学学报(社会科学版)》2011 年第 1 期。
[68]姜玉梅、陈珊:《如何设计员工满意度调查》,载《中国劳动》2011 年第 4 期。
[69]李宁宁、苗国:《社公支持理论视野下的社会管理创新:从刚性管理向柔性支持范式的转变》,载《江海学刊》2011 年第 6 期。
[70]吴宗宪:《老年犯罪人社区矫正论》,载《中国司法》2011 年第 8 期。
[71]孔一、黄兴瑞:《刑释人员再犯风险评估量表(RRAI)研究》,载《中国刑事法杂志》2011 年第 10 期。
[72]井世洁:《社区矫正青少年的社会支持及其与精神健康的关系——基于上海市 J 区的实证分析》,载《华东理工大学学报(社会科学版)》2010 年第 2 期。
[73]张凯、朱晓杰:《优势视角的社会工作在社区矫正中的运用——以社区矫正对象 G 某为例》,载《行政与法》2010 年第 8 期。
[74]严念慈:《社区矫正社会工作两大理念探析——"问题视角"与"优势视角"的比较》,载《新一代:科教版》2010 年第 11 期。
[75]付立华:《优势视角下的社区矫正介入策略研究》,载《中国社会科学院研究生院学报》2009 年第 5 期。
[76]董明伟:《优势视角下的社会工作介入青少年社区矫正初探》,载《山东青年管理干部学院学报》2008 年第 32 期。
[77]杜立婕:《使用优势视角培养案主的抗逆力——一种社会工作实务的新模式》,载《华东理工大学学报(社会科学版)》2007 年第 3 期。
[78]刘建清:《论认知疗法在罪犯矫治中的应用》,载《中国心理卫生协会第 5 届学术研讨会论文集》2007 年第 8 期。
[79]龚春光:《法院参与社区矫正的思考》,载《江苏法制报》2006 年 5 月 25 日,C 版。
[80]张艳:《从认知失调的角度看未成年人的社区矫正》,载《江西公安专科学校学报》2006 年第 3 期。
[81]范燕宁:《抗逆力在青少年成长过程中的两面性特点——以北京市未

成年人社区矫正服刑者的情况为例》,载《中国青年研究》2006 年第 11 期。
[82]廖斌:《社区矫正工作主体初论》,载《法学杂志》2005 年第 4 期。
[83]闻英:《社会工作中问题视角和优势视角的比较》,载《南阳师范学院学报》2005 年第 10 期。
[84]姚远:《非正式支持理论与研究综述》,载《中国人口科学》2003 年第 1 期。
[85]郭砾:《女性犯罪的社会性别视角》,载《大连大学学报》2001 年第 5 期。
[86]陈运生、曾庆群:《论我国未来民法典监护制度的完善》,载《中南民族学院学报(哲学与社会科学版)》1995 年第 6 期。

三、学位论文

[1]Jordan Hyatt, *The impact of cognitive – behavioral therapy on the recidivism of high risk probationers: results from a randomized trial*, 2013, Publicly Accessible Penn Dissertations, Paper 644. http://repository.upenn.edu/edissertations/.
[2]彭路:《义务教育阶段社区矫正对象自我效能感提升的小组介入研究——以 CD 市 S 社区为例》,西华大学 2021 年硕士学位论文。
[3]陈海佳:《社会性别视角下社区矫正对象社会适应研究——以 S 市 J 区为例》,上海师范大学 2020 年硕士学位论文。
[4]周晓菁:《老年社区矫正对象社会融入的社会工作介入研究——以 S 市 C 街道为例》,西华大学 2020 年硕士学位论文。
[5]王恬恬:《社会工作介入女性社区矫正工作的研究——以黑龙江省佳木斯市 X 司法局为例》,东北石油大学 2020 年硕士学位论文。
[6]安佳伟:《老年社区矫正服刑人员再社会化的社会工作介入》,东北石油大学 2019 年硕士学位论文。
[7]杨梦暄:《社会工作介入女性社区服刑人员的社区矫正研究》,河北大

学 2019 年硕士学位论文。
[8]谭飘:《女性社区矫正对象的社会工作介入研究——以长沙市开福区为例》,湖南师范大学 2017 年硕士学位论文。
[9]陈姝宏:《社区矫正对象再社会化研究》,吉林大学 2014 年博士学位论文。
[10]王加振:《流动人口的异质性对区域经济发展差距的影响研究——以山东省为例》,山东师范大学 2014 年硕士学位论文。
[11]李星辰:《增权视角下未成年人社区矫正的实践探究——以北京市 A 区社区矫正项目设计与评估为例》,北京城市学院 2014 年硕士学位论文。
[12]关宇晴:《增权视角下青少年社区矫正中个人能力提升的研究——以 C 市 C 区为例》,吉林大学 2013 年硕士学位论文。
[13]杨海:《我国农村社区矫正研究》,吉林大学 2011 年硕士学位论文。
[14]黎丽娟:《论我国老年犯社区矫正制度》,湖南师范大学 2011 年硕士学位论文。
[15]李晓燕:《增权:社会工作对青少年罪犯社区矫正的介入》,南京航空航天大学 2008 年硕士学位论文。

四、互联网资料

[1]Higgins JP & Green S, *Cochrane Handbook for Systematic Reviews of Interventions Version* 5. 1. 0, 2011, The Cochrane Collaboration, http://handbook. cochrane. org/.
[2]翟振武:《第七次全国人口普查公报解读》,载国家统计局 2021 年 5 月 12 日,http://www. stats. gov. cn/tjsj/sjjd/202105/t20210512_1817336. html。
[3]《司法部举办“区块链 + 法治”论坛　强调抢抓机遇积极推进区块链技术与法治建设全面融合》,载中国法制信息网 2019 年 11 月 17 日,http://www. moj. gov. cn/news/content/2019 - 11/17/bnyw_3235971. html。

[4]《习近平:把区块链作为核心技术自主创新重要突破口 加快推动区块链技术和产业创新发展》,载中国共产党新闻网 2019 年 10 月 26 日,http://cpc.people.com.cn/n1/2019/1026/c64094-31421707.html。

[5]《习近平在中国共产党第十九次全国代表大会上的报告》,载人民网 2017 年 10 月 28 日,http://cpc.people.com.cn/n1/2017/1028/c64094-29613660.html。

[6]《熊选国:2016 年全国新接收社区服刑人员 48 万人》,载中国法院网 2017 年 3 月 8 日,http://www.chinacourt.org/article/detail/2017/03/id/2574385.shtml。

附录 A　随机对照试验方法学质量评价标准（Cochrane 偏倚风险评估工具）

Cochrane 偏倚风险评估工具条目

(一)选择偏倚

随机分配方法

低风险

研究者描述序列的产生使用的是非随机的方法。通常是系统的非随机方法,例如:

· 通过奇偶或出生日期产生序列。

· 通过性别或住址产生序列。

· 通过类似先后顺序的编号产生序列。

高风险

相对于上面提到的系统方法,其他非随机的方法更明显。通常包括对参与者进行判断或非随机的方法,例如:

· 社工判断如何分配。

· 参与者判断如何分配。

· 第三方(社区或街道)的进行分配。

· 基于干预的可获取性进行分配。

不清楚

没有足够的信息判断随机序列的产生存在高风险或低风险。

分配隐藏

低风险

参与者和纳入参与者的研究者因以下掩盖分配的方法或相当的方法,先不了解分配情况:

· 中心分配(包括电话,网络,办公室控制随机)。

· 不透光信封。

高风险

参与者以及纳入参与者的研究者可能事先知道分配,因而引入选择偏倚,譬如基于如下方法的分配:

· 使用摊开的随机分配表(如随机序列清单)。

· 交替或循环。

· 出生日期。

· 编号。

· 其他明确的非隐藏过程。

不清楚

没有足够信息判断为低风险或高风险。通常因分配隐藏的方法未描述或描述不充分。

(二)实施偏倚

盲法

(实施者、参与者)

低风险

· 无盲法或盲法不充分,但系统评价员判断结局不太可能受到缺乏盲法的影响。

·参与者和主要实施者均实施可靠的盲法，且盲法不太可能被打破。

高风险

·无盲法或盲法不充分，但系统评价员判断结局很可能受到缺乏盲法的影响。

·尝试对关键的参与者和实施者实施盲法，但盲法很可能被打破，结局很可能受到缺乏盲法的影响。

不清楚

·没有足够信息判断为低风险或高风险。

·研究未描述此情况。

（三）测量偏倚

盲　法

（结局评价者）

低风险

·无盲法或盲法不充分，但系统评价员判断结局不太可能受到缺乏盲法的影响。

·参与者和主要实施者均实施可靠的盲法，且盲法不太可能被打破。

高风险

·无盲法或盲法不充分，但系统评价员判断结局很可能受到缺乏盲法的影响。

·尝试对关键的参与者和实施者实施盲法，但盲法很可能被打破，结局很可能受到缺乏盲法的影响。

不清楚

· 没有足够信息判断为低风险或高风险。

· 研究未描述此情况。

(四)随访偏倚

结局数据完整性

低风险

· 无缺失数据。

· 缺失数据的产生不大可能与真实结局相关(缺失生存数据不大可能引入偏倚)。

· 缺失数据的数目在各干预组相当,且各组缺失原因类似。

· 对二分类变量,与观察事件的发生风险相比,缺失比例不足以影响预估的干预效应;对连续性结局数据,缺失数据的合理效应规模(均数差或标准均数差)不会大到影响观察的效应规模。

· 缺失的数据用合适的方法进行估算。

高风险

· 缺失数据的产生很大可能与真实结局相关,缺失数据的数目及缺失原因在各干预组相差较大。

· 对二分类变量,与观察事件的发生风险相比,缺失比例足以影响预估的干预效应;对连续性结局数据,缺失数据的合理效应规模(均数差或标准均数差)足以影响观察的效应规模。

· 意向治疗分析中存在实际干预措施与随机分配的干预相违背的情况。

· 对缺失数据进行简单的不合适的估算。

不清楚

·没有报道缺失或排除的情况，无法判断高风险或低风险（如未说明随机的数量，未提供数据缺失的原因）。

·研究未描述此情况。

（五）报告偏倚

选择性发表

低风险

·社工研究项目的计划书可获取，系统评价感兴趣的所有首要或次要结局均按计划书预先说明的方式报道。

·计划书不可得，但很明显发表的报告包括所有的结局，包括预先说明的结局（这种性质的有说服力的文字可能少见）。

高风险

·不是所有的预先说明的首要结局均被报道。

·一个或多个首要结局为采用预先说明的测量方法、分析方法或数据子集来报道。

·系统评价中的一个或多个首要结局报道不全，以至于不能纳入 Meta 分析。

·研究未报道此研究应当包含的关键结局。

不清楚

·没有足够信息判断高风险或低风险，大部分研究会被分为此类。

(六)其他偏倚

其他偏倚

低风险

·研究应未引入其他来源的偏倚。

高风险

至少有一种重要的偏倚风险,例如:

·具有与特殊试验设计相关的潜在偏倚来源。

·或被指欺诈。

·或其他问题(非权威期刊证据较多)。

不清楚

可能存在偏倚风险,但存在以下两种中的一种,例如:

·没有足够信息评估是否存在其他重要的偏倚风险。

·没有足够的证据认为发现的问题会引入偏倚。

Cochrane 偏倚风险工具表

项目	偏倚类型	低风险判断标准	高风险判断标准
随机序列	随机序列产生不充分导致选择偏倚	计算机随机数字生成器,扔硬币,洗牌的卡片和信封,掷骰子,抽签等	通过奇偶或出生日期产生序列,通过入院日期产生序列等
分配隐藏	干预措施分配情况能否被实施者或受试者预知	第三方中心分配,顺序编号、不透明、密封的信封等	使用摊开的随机分配表(如随机序列清单),交替或循环,出生日期等
盲法	因参与者和实施者了解干预情况而导致实施偏倚	组间隔离;分阶段实施等	组间人员具有强社会联系等

续表

项目	偏倚类型	低风险判断标准	高风险判断标准
数据完整性	不完整结局数据的数量，性质，处理方式导致失访偏倚	无缺失数据；缺失数据的数目在各干预组相当且各组缺失原因类似；观察事件的缺失比例不足以影响预估的干预效应或效应规模	缺失数据的产生很大可能与真实结局相关，缺失数据的数目及缺失原因在各干预组相差较大；观察事件的缺失比例足以影响预估的干预效应或效应规模
选择性报告	报告书与证据不符，选择性描述结论	实验的计划书可获取，系统评价感兴趣的所有首要或次要结局均按计划书预先说明的方式报道；实验计划书不可得，但很明显发表的报告包括所有的结局，包括预先说明的结局	不是所有的预先说明的首要结局均被报道；一个或多个首要结局为采用预先说明的测量方法、分析方法或数据子集来报道；系统评价感兴趣的一个或多个首要结局报道不全，以至于不能纳入 Meta 分析
其他偏倚	不包括在以上五种的其他偏倚		具有与特殊试验设计相关的潜在偏倚来源，或被指欺诈，或其他问题

附录B　观察性研究质量评价工具（STROBE声明）

STROBE条目解读

条目1　题目和摘要

参考因素：

• 题目或摘要中要用专业术语表述研究设计（如宜用“队列研究”而不用“随访研究”或“纵向研究”）。

• 摘要内容要丰富，应包括所研究的问题、研究方法、研究结果及结论。

• 重要结果用数字表示：研究对象数目，关联的估计值及其变异性和不确定性的正确计算（如OR的置信区间）。

条目2　背景和合理性

参考因素：

• 对所报告研究的背景和原理进行解释，从而为读者提供研究脉络。

• 背景资料应注明目前相关的研究及系统综述。

条目3　研究目标

参考因素：

• 包括任何预先确定的假设，须详细指明人群、暴露和结局、将要估计的参数。

• 以具体的假说或者以问题的形式表述，如在早期调查阶段，目的可能不是很明确，但是报告还应能清楚地表达研究者的意图。

条目4　研究设计

参考因素：

• 在方法学的前期（或者在前言末尾）写明研究设计要素，使读者能理解整个研究的基础。

• 例如，当作者报告队列研究时，应用专门的术语"队列研究"说明研究的性质，描述组成队列的人群和他们的暴露状况。

条目5　研究现场

参考因素：

• 描述研究现场、具体场所和相关时间范围（包括研究对象征集、暴露、随访和数据收集时间）。

• 研究现场的信息包括研究对象征集地或来源（如选民名册、门诊登记等）。

• 研究具体场所涉及的国家、城镇及医院等调查发生地。

• 要写明具体时间而不仅仅描述持续时期。

条目6　研究对象

参考因素：

• 描述选择研究对象的纳入排除标准、源人群和选择方法。

• 队列研究还需描述随访方法。

• 病例对照研究还需描述选择病例和对照的原理。

• 如果应用了匹配设计，那么应描述选择匹配变量的原理和方法细节。

条目 7　研究变量

参考因素：

• 明确定义结局、暴露、预测因子、潜在的混杂因子和效应修饰因子(如果可能，给出诊断标准)。

• 不要用“自变量”描述暴露和混杂变量。

• 在附录中对每个变量列一个细节清单。

• 阐明统计分析的“备选变量”，而不是仅选择性报告包含在最终模型中的变量。

条目 8　资料来源与评估

参考因素：

• 对每一研究变量，描述其数据来源和详细的测量方法(如果有多组，还应描述各组之间判定方法的可比性)。

• 报告研究的信度或效度的评价或测量结果，包括参考标准的细节问题。

• 比较组间数据收集方法是否有差别也很重要。

条目 9　偏倚

参考因素：

• 估计相关偏倚的似然比，特别应讨论偏倚的方向和大小，如果可能则计算出偏倚的值。

• 如果使用适当的方法来减少偏倚，作者应提供更多处理偏倚的细节，描述质量控制计划（如数据收集质量控制计划，调查员的培训等）。

条目 10　样本量

参考因素：

• 研究者正式恰当地报告样本量的计算。

• 作者应该指明样本大小的确定方法。

• 如果观察性研究在找到有统计学意义的结果时就停止了，应该告知读者。

条目 11　定量指标

参考因素：

• 解释分析中如何处理定量变量（如果可能，描述怎样选择分组及分组原因）。

• 建议作者解释分组的原因和意义，包括分成几组、分组数值和组均数或中位数。

• 报告数据不应只报告效应估计值和模型结果，还应报告每组的病例数、对照数、高危人数和高危人时数等。

条目 12　统计学方法

参考因素：

• 描述所有统计学方法，包括控制混杂的方法。

• 描述亚组和交互作用检查方法。

• 描述缺失值的处理方法。

• 描述敏感度分析。

条目 13 研究对象

参考因素:

• 详细报告各研究阶段中研究对象的数量。如可能合格的数量、证实合格的数量、纳入研究的数量、完成随访的数量和分析的数量。

• 描述各阶段研究对象未能参与的原因,帮助读者判断研究人群是否代表目标人群,是否会产生偏倚例。

• 考虑使用流程图。

条目 14 描述性资料

参考因素:

• 描述研究对象的特征(如人口学、临床和社会特征)以及暴露因素和潜在混杂因素的信息。

• 描述各相关变量有缺失值的研究对象数量。

• 队列研究描述随访时间(如平均随访时间、总随访时间)。

条目 15 结局资料

参考因素:

• 报告发生结局事件或暴露类别的数量,或者根据时间总结发生结局事件的数量。

• 队列研究报告发生结局事件的数量或根据时间总结发生结局事件的数量。

• 病例对照研究报告或暴露类别的数量或暴露的综合指标。

• 横断面研究报告结局事件的数量或总结暴露的测量结果。

条目 16　主要结果

参考因素：

• 给出未校正和校正混杂因素的关联强度估计值、精确度（如 95% CI），阐明哪些混杂因素被校正及其原因。

• 对连续性变量分组时报告分组界值（切分点）。

• 如果有关联，可将有意义时期内的相对危险度转换成绝对危险度。

条目 17　其他分析

参考因素：

• 报告进行的其他分析，如亚组和交互作用分析、灵敏度分析。

• 描述亚组间特定关联或效果测量在亚组之间的变化。

• 介绍在数据分析过程中出现的感兴趣的亚组。

• 评价危险因素间联合作用和交互作用时，应同时报告每种暴露各自的效果和他们之间的联合作用及置信区间。

条目 18　重要结果

参考因素：

• 通过简短的总结告知读者主要的研究结果，以帮助读者评价研究结果是否支持作者在讨论中的解释和说明。

条目 19　局限性

参考因素：

• 不仅要描述能影响研究结果的偏倚和混杂还要讨论不同类型偏倚的相对重要性。

• 讨论研究结果的不精确性及其来源(如样本大小,暴露、混杂因子和结局的测量)。

• 比较自己的研究与其他研究的效度、可推广性和精确度来讨论局限性。

条目 20　解释

参考因素:

• 结合研究目的、局限性、多因素分析、类似研究的结果和其他相关证据,谨慎给出一个总体的结果解释。

• 解释结果的时候,作者应该从连续验证的结果和潜在偏倚来源(包括失访和不参加)考虑研究的性质。

作者也应考虑因未测量的变量和没有精确测量的混杂因子产生的残余混杂。

条目 21　可推广性

参考因素:

• 研究结果是否有外部效度的问题常是从研究现场、研究对象特点、暴露特点和结局特点来判断。

• 充分报告以下信息:研究地点和场所、研究对象的合格标准、暴露及其测量、研究对象征集和随访时间、不参与的程度、未暴露但是产生研究结局者的比例、暴露的绝对危险和暴露率。

条目 22　资助

参考因素:

●给出当前研究的资助来源和资助者(如果可能,给出原始研究的资助情况)。

●客观报告资助者在研究的哪个部分起到了直接作用(如研究设计、数据收集、数据分析、撰写论文或决定发表)。

STROBE 声明工具表

序号	评判条目	纳入文献 A		纳入文献 B		纳入文献 C	
	打分情况	第 1 次	第 2 次	第 1 次	第 2 次	第 1 次	第 2 次
1	题目和摘要(a. 是否采用专业术语描述研究类型;b. 是否摘要内容丰富,能准确表述研究的方法和结果)						
2	背景与合理性(解释研究的科学背景和依据)						
3	研究目标(阐明研究目标,包括任何预先确定的假设)						
4	研究设计(描述研究设计的要素)						
5	研究现场(是否清楚描写研究现场、具体场所和相关时间)						
6	研究对象(a. 队列研究描述研究对象的入选标准、来源和方法,描述随访方法;病例对照研究描述病例和对照的入选标准、来源和方法,描述选择病例和对照的原理;横断面研究描述研究对象的入选						

续表

序号	评判条目	纳入文献 A		纳入文献 B		纳入文献 C	
	打分情况	第 1 次	第 2 次	第 1 次	第 2 次	第 1 次	第 2 次
	标准、来源和方法(b. 队列研究:配对研究需描述配对标准、暴露与非暴露数量;病例对照研究;配对研究需描述配对标准和与每个案例匹配的对照)						
7	研究变量(是否明确界定结局指标、暴露因素、预测指标、潜在混杂因素及效应修饰因子,如有可能应给出诊断标准)						
8	资料来源与评估(是否描述每一研究变量的数据来源和详细的测定、评估方法等)						
9	偏倚(是否描述潜在的偏倚及消除方法)						
10	样本量(是否描述样本量的确定方法)						
11	定量指标(是否解释定量指标的分析方法,如有可能应描述如何选择分组及其原因)						
12	统计学方法(a. 描述所用统计学方法,包括控制混杂因素的方法;b. 描述亚组分析和交互作用所用方法;c. 描述缺失值的处理方法;d. 描述敏感度分析)						

续表

序号	评判条目	纳入文献 A		纳入文献 B		纳入文献 C	
	打分情况	第 1 次	第 2 次	第 1 次	第 2 次	第 1 次	第 2 次
13	研究对象(a. 详细报告各研究阶段中研究对象的数量;b. 描述各阶段研究对象未能参与的原因,帮助读者判断研究人群是否代表目标人群,是否产生偏倚例)						
14	描述性资料(a. 描述性资料是否描述研究对象的特征以及暴露因素和潜在混杂因素的信息;b. 描述各相关变量有缺失值的研究对象数量;c. 队列研究描述随访时间)						
15	结局资料(a. 报告结局发生事件或暴露类别的数量;b. 队列报告研究发生结局的数量等)						
16	主要结果(是否给出未校正和校正混杂因素的关联强度估计值、精确度等)						
17	其他分析(有无报告其他分析结果)						
18	重要结果(是否概括研究假设的重要结果)						
19	局限性(是否结合潜在的偏差和误差来源,讨论研究的局限性及潜在偏倚方向和大小)						

续表

序号	评判条目	纳入文献 A		纳入文献 B		纳入文献 C	
	打分情况	第 1 次	第 2 次	第 1 次	第 2 次	第 1 次	第 2 次
20	解释(是否结合研究目的、局限性多因素分析和其他相关证据解释结果)						
21	可推广性(讨论研究结果是否具有普适性和可推广性)						
22	资助(是否写明研究的资金来源和资助者)						
	总分情况						
	第三方评估						
	风险程度						

备注:评分标准为:“是”计 1 分,“不清楚”计 2 分,“否”计 3 分。总得分分为三个类型,分别代表不同的风险水平:22 ~ 36 分为低风险,37 ~ 51 分为中风险,52 ~ 66 分为高风险。若两者之间分数差别大,则进行第三方评估。

社会支持网络促进老年社区矫正对象社会融入有效性的系统评价 STROBE 评分结果

序号	评判条目	纳入文献	
	打分情况	第 1 次	第 2 次
1	题目和摘要(a. 是否采用专业术语描述研究类型;b. 是否摘要内容丰富,能准确表述研究的方法和结果)	1	1
2	背景与合理性(解释研究的科学背景和依据)	1	1
3	研究目标(阐明研究目标,包括任何预先确定的假设)	1	1

续表

序号	评判条目	纳入文献	
	打分情况	第 1 次	第 2 次
4	研究设计(描述研究设计的要素)	1	1
5	研究现场(是否清楚描写研究现场、具体场所和相关时间)	1	1
6	研究对象(a. 队列研究描述研究对象的入选标准、来源和方法,描述随访方法;病例对照研究描述病例和对照的入选标准、来源和方法,描述选择病例和对照的原理;横断面研究描述研究对象的入选标准、来源和方法;b. 队列研究:配对研究需描述配对标准、暴露与非暴露数量;病例对照研究;配对研究需描述配对标准和与每个案例匹配的对照)	1	1
7	研究变量(是否明确界定结局指标、暴露因素、预测指标、潜在混杂因素及效应修饰因子,如有可能应给出诊断标准)	1	1
8	资料来源与评估(是否描述每一研究变量的数据来源和详细的测定、评估方法等)	1	1
9	偏倚(是否描述潜在的偏倚及消除方法)	2	1
10	样本量(是否描述样本量的确定方法)	1	1
11	定量指标(是否解释定量指标的分析方法,如有可能应描述如何选择分组及其原因)	1	1

续表

序号	评判条目	纳入文献	
	打分情况	第 1 次	第 2 次
12	统计学方法(a. 描述所用统计学方法,包括控制混杂因素的方法;b. 描述亚组分析和交互作用所用方法;c. 描述缺失值的处理方法;d. 描述敏感度分析)	1	1
13	研究对象(a. 详细报告各研究阶段中研究对象的数量;b. 描述各阶段研究对象未能参与的原因,帮助读者判断研究人群是否代表目标人群,是否产生偏倚例)	1	1
14	描述性资料(a. 描述性资料是否描述研究对象的特征以及暴露因素和潜在混杂因素的信息;b. 描述各相关变量有缺失值的研究对象数量;c. 队列研究描述随访时间)	1	1
15	结局资料(a. 报告结局发生事件或暴露类别的数量;b. 队列报告研究发生结局的数量等)	2	1
16	主要结果(是否给出未校正和校正混杂因素的关联强度估计值、精确度等)	1	1
17	其他分析(有无报告其他分析结果)	1	1
18	重要结果(是否概括研究假设的重要结果)	1	1
19	局限性(是否结合潜在的偏差和误差来源,讨论研究的局限性及潜在偏倚方向和大小)	1	1

续表

序号	评判条目	纳入文献	
	打分情况	第1次	第2次
20	解释(是否结合研究目的、局限性多因素分析和其他相关证据解释结果)	1	1
21	可推广性(讨论研究结果是否具有普适性和可推广性)	3	3
22	资助(是否写明研究的资金来源和资助者)	2	2
	总分情况	27	25
	第三方评估	无	
	风险程度	低风险	

备注:评分标准为:“是”计1分,“不清楚”计2分,“否”计3分。总得分分为三个类型,分别代表不同的风险水平:22～36分为低风险,37～51分为中风险,52～66分为高风险。若两者之间分数差别大,则进行第三方评估。

社会支持网络提高青少年社区矫正对象社会化有效性的系统评价 STROBE 评分结果

序号	评判条目	纳入文献 A		纳入文献 B		纳入文献 C	
	打分情况	第1次	第2次	第1次	第2次	第1次	第2次
1	题目和摘要(a.是否采用专业术语描述研究类型;b.是否摘要内容丰富,能准确表述研究的方法和结果)	1	1	1	1	1	1
2	背景与合理性(解释研究的科学背景和依据)	1	1	1	1	1	1
3	研究目标(阐明研究目标,包括任何预先确定的假设)	1	1	1	1	1	1

续表

序号	评判条目	纳入文献 A		纳入文献 B		纳入文献 C	
	打分情况	第 1 次	第 2 次	第 1 次	第 2 次	第 1 次	第 2 次
4	研究设计(描述研究设计的要素)	1	1	2	1	1	1
5	研究现场(是否清楚描写研究现场、具体场所和相关时间)	1	2	1	2	1	2
6	研究对象(a. 队列研究描述研究对象的入选标准、来源和方法,描述随访方法;病例对照研究描述病例和对照的入选标准、来源和方法,描述选择病例和对照的原理;横断面研究描述研究对象的入选标准、来源和方法;b. 队列研究:配对研究需描述配对标准、暴露与非暴露数量;病例对照研究;配对研究需描述配对标准和与每个案例匹配的对照)	1	1	1	1	1	1
7	研究变量(是否明确界定结局指标、暴露因素、预测指标、潜在混杂因素及效应修饰因子,如有可能应给出诊断标准)	1	1	2	2	2	1

续表

序号	评判条目	纳入文献 A		纳入文献 B		纳入文献 C	
	打分情况	第 1 次	第 2 次	第 1 次	第 2 次	第 1 次	第 2 次
8	资料来源与评估(是否描述每一研究变量的数据来源和详细的测定、评估方法等)	1	1	1	1	1	1
9	偏倚(是否描述潜在的偏倚及消除方法)	2	1	2	1	1	1
10	样本量(是否描述样本量的确定方法)	1	1	1	1	1	1
11	定量指标(是否解释定量指标的分析方法,如有可能应描述如何选择分组及其原因)	1	2	1	1	2	1
12	统计学方法(a. 描述所用统计学方法,包括控制混杂因素的方法;b. 描述亚组分析和交互作用所用方法;c. 描述缺失值的处理方法;d. 描述敏感度分析)	1	1	1	1	1	1
13	研究对象(a. 详细报告各研究阶段中研究对象的数量;b. 描述各阶段研究对象未能参与的原因,帮助读者判断研究人群是否代表目标人群,是否产生偏倚例)	1	1	1	1	1	1

续表

序号	评判条目	纳入文献 A		纳入文献 B		纳入文献 C	
	打分情况	第 1 次	第 2 次	第 1 次	第 2 次	第 1 次	第 2 次
14	描述性资料(a. 描述性资料是否描述研究对象的特征以及暴露因素和潜在混杂因素的信息;b. 描述各相关变量有缺失值的研究对象数量;c. 队列研究描述随访时间)	1	1	1	1	1	1
15	结局资料(a. 报告结局发生事件或暴露类别的数量;b. 队列报告研究发生结局的数量等)	2	1	1	2	1	1
16	主要结果(是否给出未校正和校正混杂因素的关联强度估计值、精确度等)	1	1	1	1	1	1
17	其他分析(有无报告其他分析结果)	1	1	1	1	1	1
18	重要结果(是否概括研究假设的重要结果)	1	1	1	1	1	1
19	局限性(是否结合潜在的偏差和误差来源,讨论研究的局限性及潜在偏倚方向和大小)	1	1	1	2	1	1
20	解释(是否结合研究目的、局限性多因素分析和其他相关证据解释结果)	1	1	1	2	1	1

续表

序号	评判条目	纳入文献 A		纳入文献 B		纳入文献 C	
	打分情况	第 1 次	第 2 次	第 1 次	第 2 次	第 1 次	第 2 次
21	可推广性(讨论研究结果是否具有普适性和可推广性)	3	2	2	2	2	1
22	资助(是否写明研究的资金来源和资助者)	2	2	3	2	2	2
	总分情况	27	26	28	29	26	24
	第三方评估	无	无	无			
	风险程度	低风险	低风险	低风险			

备注:评分标准为:“是”计 1 分,“不清楚”计 2 分,“否”计 3 分。总得分分为三个类型,分别代表不同的风险水平:22 ~ 36 分为低风险,37 ~ 51 分为中风险,52 ~ 66 分为高风险。若两者之间分数差别大,则进行第三方评估。

基于优势视角的社工介入对促进女性社区矫正对象社会适应有效性的系统评价 STROBE 评分结果

序号	评判条目	纳入文献 A		纳入文献 B		纳入文献 C	
	打分情况	第 1 次	第 2 次	第 1 次	第 2 次	第 1 次	第 2 次
1	题目和摘要(a. 是否采用专业术语描述研究类型;b. 是否摘要内容丰富,能准确表述研究的方法和结果)	1	1	1	1	1	1
2	背景与合理性(解释研究的科学背景和依据)	1	1	1	1	1	1
3	研究目标(阐明研究目标,包括任何预先确定的假设)	1	1	1	1	1	1

续表

序号	评判条目	纳入文献 A		纳入文献 B		纳入文献 C	
	打分情况	第 1 次	第 2 次	第 1 次	第 2 次	第 1 次	第 2 次
4	研究设计(描述研究设计的要素)	1	1	2	1	1	1
5	研究现场(是否清楚描写研究现场、具体场所和相关时间)	1	1	1	2	1	1
6	研究对象(a. 队列研究描述研究对象的入选标准、来源和方法,描述随访方法;病例对照研究描述病例和对照的入选标准、来源和方法,描述选择病例和对照的原理;横断面研究描述研究对象的入选标准、来源和方法;b. 队列研究:配对研究需描述配对标准、暴露与非暴露数量;病例对照研究;配对研究需描述配对标准和与每个案例匹配的对照)	1	1	1	1	1	1
7	研究变量(是否明确界定结局指标、暴露因素、预测指标、潜在混杂因素及效应修饰因子,如有可能应给出诊断标准)	1	1	2	1	1	1

续表

序号	评判条目	纳入文献 A		纳入文献 B		纳入文献 C	
	打分情况	第 1 次	第 2 次	第 1 次	第 2 次	第 1 次	第 2 次
8	资料来源与评估(是否描述每一研究变量的数据来源和详细的测定、评估方法等)	1	1	1	1	1	1
9	偏倚(是否描述潜在的偏倚及消除方法)	2	1	2	2	1	1
10	样本量(是否描述样本量的确定方法)	1	1	1	1	1	1
11	定量指标(是否解释定量指标的分析方法,如有可能应描述如何选择分组及其原因)	1	1	2	1	1	1
12	统计学方法(a. 描述所用统计学方法,包括控制混杂因素的方法;b. 描述亚组分析和交互作用所用方法;c. 描述缺失值的处理方法;d. 描述敏感度分析)	1	1	1	1	1	1
13	研究对象(a. 详细报告各研究阶段中研究对象的数量;b. 描述各阶段研究对象未能参与的原因,帮助读者判断研究人群是否代表目标人群,是否产生偏倚例)	1	1	1	1	1	1

续表

序号	评判条目	纳入文献 A		纳入文献 B		纳入文献 C	
	打分情况	第 1 次	第 2 次	第 1 次	第 2 次	第 1 次	第 2 次
14	描述性资料(a. 描述性资料是否描述研究对象的特征以及暴露因素和潜在混杂因素的信息;b. 描述各相关变量有缺失值的研究对象数量;c. 队列研究描述随访时间)	1	1	1	1	1	1
15	结局资料(a. 报告结局发生事件或暴露类别的数量;b. 队列报告研究发生结局的数量等)	2	1	1	2	1	1
16	主要结果(是否给出未校正和校正混杂因素的关联强度估计值、精确度等)	1	1	1	1	1	1
17	其他分析(有无报告其他分析结果)	1	1	1	1	1	1
18	重要结果(是否概括研究假设的重要结果)	1	1	1	1	1	1
19	局限性(是否结合潜在的偏差和误差来源,讨论研究的局限性及潜在偏倚方向和大小)	1	1	1	2	1	1
20	解释(是否结合研究目的、局限性多因素分析和其他相关证据解释结果)	1	1	1	2	1	1

续表

序号	评判条目	纳入文献 A		纳入文献 B		纳入文献 C	
	打分情况	第 1 次	第 2 次	第 1 次	第 2 次	第 1 次	第 2 次
21	可推广性(讨论研究结果是否具有普适性和可推广性)	3	2	2	2	2	1
22	资助(是否写明研究的资金来源和资助者)	2	2	3	2	2	2
	总分情况	27	24	29	29	24	23
	第三方评估	无	无	无			
	风险程度	低风险	低风险	低风险			

备注:评分标准为:“是”计 1 分,“不清楚”计 2 分,“否”计 3 分。总得分分为三个类型,分别代表不同的风险水平:22～36 分为低风险,37～51 分为中风险,52～66 分为高风险。若两者之间分数差别大,则进行第三方评估。

附录C　定性研究质量评价工具简介（CASP清单）

CASP清单条目

研 究 目 的

1. 是否清楚地描述了研究的目的？

A. 是　　B. 不确定　　C. 否

参考因素：

- 研究目的是什么
- 研究目的是否明确
- 研究目的是否指导了研究方向
- 或者文章是否提出了问题，以及问题是否表达明确
- 相关性

研 究 方 法

2. 应用定性研究的方法是否恰当？

A. 是　　B. 不确定　　C. 否

参考因素：

- 是否为定性研究（与定量研究相比有何优势）

- 方法是什么(半结构式访谈,焦点组访谈、资料分析等)
- 解释或说明参与者的行为或主观经验

研究设计

3. 研究的设计是否适合于解决研究目的?

A. 是　　B. 不确定　　C. 否

参考因素:

- 研究者是否合理地选择了研究设计
- 是否阐述了研究设计过程(例如,是否经过讨论来决定采用哪种研究设计方法)

抽样

4. 研究对象的招募策略是否恰当?

A. 是　　B. 不确定　　C. 否

参考因素:

- 如何抽样
- 有无访谈对象特征表
- 有无纳入排除标准
- 研究者是否对如何选择参与者进行了解释
- 研究者是否对所选择的研究对象最适合于该研究的原因进行了解释
- 关于研究对象的招募是否存在争论(例如,为什么有些人选择不参与研究)

资料收集

5. 资料收集方法能否解决研究的问题?

A. 是　　　　　　B. 不确定　　　　　　C. 否

参考因素:

● 资料收集的方法是否合理

● 是否清楚地描述了资料收集的方法(如焦点组、半结构式访谈等)

● 研究者是否合理地选择研究方法

● 研究者是否详细地描述了研究方法

例如:

● 对于访谈方法,有没有说明访谈是如何进行的

● 研究过程中是否对研究方法进行修订? 如果是,研究者是否对如何修订以及为什么修订作出解释

● 资料的形式是否明确地描述(如录音资料、视频资料、笔记等)

● 研究者是否讨论了资料饱和问题

研究者反思

6. 是否反思了研究中可能存在的不足?

A. 是　　　　　　B. 不确定　　　　　　C. 否

参考因素:

● 研究者是否严格地审视了自身对研究带来的消极影响、潜在的偏倚及产生的相应影响

a. 在制定研究问题过程中

b. 在资料收集过程中,包括样本补充及研究场所设定方面

● 研究者如何应对研究中的突发事件,是否考虑了研究设计变化所产生的影响

伦理学问题

7. 是否充分考虑了伦理学问题?

A. 是　　B. 不确定　　C. 否

参考因素:

• 研究是否详细地描述了参与者知情同意的过程,以供读者判断是否符合伦理学标准

• 研究者是否向被调查者阐明了研究所涉及的问题(例如,知情同意的相关问题、保密性问题以及研究者如何处理研究过程中和结束后对参与者产生的影响)

• 是否获得了伦理委员会的批准

资 料 分 析

8. 资料分析是否足够严谨?

A. 是　　B. 否　　C. 不确定

参考因素:

• 是否深入描述了资料分析的过程

• 如果研究应用了主题分析法,那么是否清楚地描述了如何从资料中得到分类或主题

• 研究者是否解释了如何从原始样本中提取资料、说明分析的过程

• 研究资料是否充分足以支持研究结果

• 在什么情况下需要考虑资料是否相互矛盾

例如,在分析资料过程中:

• 资料编码的数量——共用了多少个代码对资料进行编码

• 存在编码树——作者是否描述了编码树

• 主题来源——主题是预设的,还是源自获得的资料

• 软件——若用了软件来管理资料,软件的名称和必要信息是什么

• 资料和结果的一致性——资料和结果是不是相吻合,即根据资料能否得出研究的结果

研 究 结 果

9. 是否清楚地描述了研究的结果?

A. 是　　B. 不确定　　C. 否

参考因素:

研究结果是否明确

• 是否阐述了研究支持者和反对者的观点? 研究者是否讨论了研究结果的可靠性

• 研究结果是否旨在解决研究的问题

研 究 价 值

10. 研究有多大的价值?

参考因素:

• 研究者是否讨论了该研究对现有知识和理解的贡献(例如,研究者是否认为研究结果与当前实际政策或以研究为基础的文献具有相关性)

• 新领域研究的必要性是否得到认证

• 研究者是否讨论了研究结果能否以及如何应用于其他人群,是否考虑了其他研究方法的可行性

CASP 清单工具表

评判条目	文献 A		文献 B	
打分情况	第 1 次	第 2 次	第 1 次	第 2 次
研究目的(是否清楚地描述了研究的目的)				
研究方法(应用定性研究的方法是否恰当)				
研究设计(是否适合于解决研究目的)				
抽样(研究对象的招募策略是否恰当)				
资料收集(能否解决研究问题)				
研究者反思(是否反思了研究中可能存在的不足)				
伦理学问题(是否充分考虑了伦理学问题)				
资料分析(资料分析是否足够严谨)				
研究结果(是否清楚了介绍研究结果)				
研究价值(研究有多大价值)				
总分情况				
第三方评估				
风险程度				

备注:评分标准为:“是”计 1 分,“不清楚”计 2 分,“否”计 3 分。总得分分为三个类型,分别代表不同的风险水平:10 ~ 16 分为低风险,17 ~ 23 分为中风险,24 ~ 30 分为高风险。若两者之间分数差别大,则进行第三方评估。

社会支持网络促进老年社区矫正对象社会融入有效性的

系统评价 CASP 评分结果

评判条目	文献 A		文献 B	
打分情况	第 1 次	第 2 次	第 1 次	第 2 次
研究目的(是否清楚地描述了研究的目的)	1	1	1	1
研究方法(应用定性研究的方法是否恰当)	1	1	2	2
研究设计(是否适合于解决研究目的)	1	2	1	1
抽样(研究对象的招募策略是否恰当)	1	2	2	3
资料收集(能否解决研究问题)	1	1	1	1
研究者反思(是否反思了研究中可能存在的不足)	3	1	3	3
伦理学问题(是否充分考虑了伦理学问题)	1	1	3	3
资料分析(资料分析是否足够严谨)	1	2	3	3
研究结果(是否清楚了介绍研究结果)	1	1	1	1
研究价值(研究有多大价值)	1	1	1	2
总分情况	12	13	18	20
第三方评估	无	无		
风险程度	低	中		

备注:评分标准为:“是”计 1 分,“不清楚”计 2 分,“否”计 3 分。总得分分为三个类型,分别代表不同的风险水平:10 ~ 16 分为低风险,17 ~ 23 分为中风险,24 ~ 30 分为高风险。若两者之间分数差别大,则进行第三方评估。